憂傷時到這些地方去旅行，空間製圖×憂鬱地圖×無名記憶，獻給旅人的24則地理傳奇

悲傷地形考

達米恩·魯德————著
DAMIEN RUDD

凱特琳娜·狄迪克————繪圖
KATERYNA DIDYK

吳莉君 譯

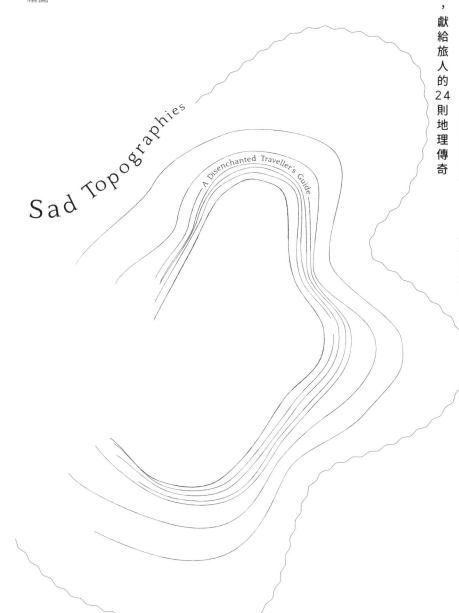

Sad Topographies

A Disenchanted Traveller's Guide

……魯莽地讓你自己
聽任無路可通的大海、無法夢想的海濱、
無可避免的災禍擺布……

——威廉・莎士比亞,《冬天的故事》（*The Winter's Tale*）

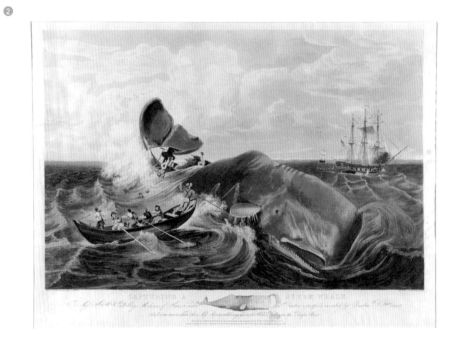

❺
```
A B R A C A D A B R A
  A B R A C A D A B R
    A B R A C A D A B
      A B R A C A D A
        A B R A C A D
          A B R A C A
            A B R A C
              A B R A
                A B R
                  A B
                    A
```

❻

❼
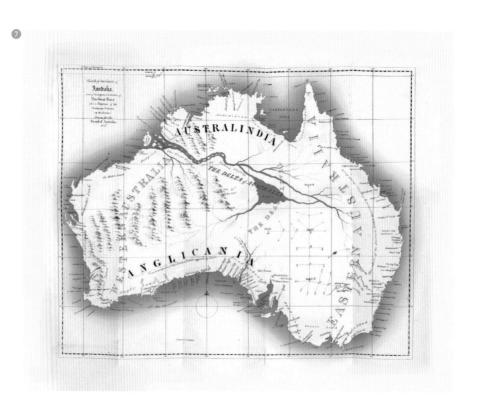

8

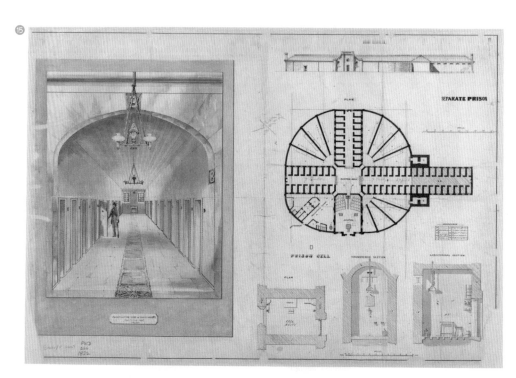

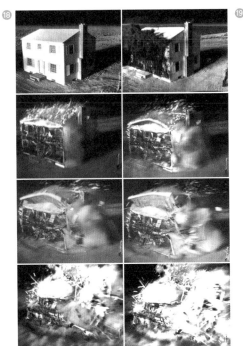

A CHRONOLOGICAL CHART OF THE VISIONS OF DANIEL & JOHN.

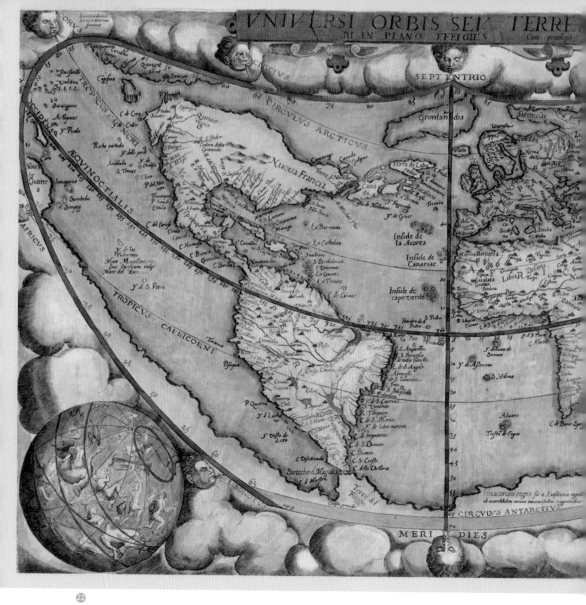

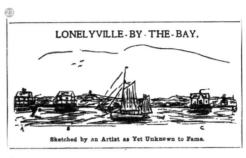

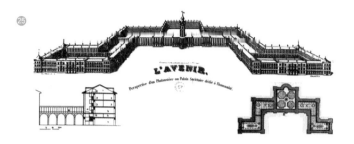

L'AVENIR.

Perspective d'un Phalanstère ou Palais Sociétaire dédié à l'Humanité.

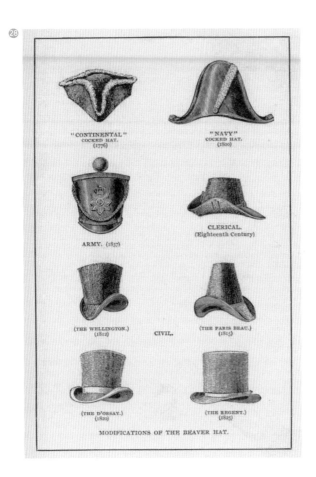

"CONTINENTAL"
COCKED HAT.
(1776)

"NAVY"
COCKED HAT.
(1800)

ARMY. (1837)

CLERICAL.
(Eighteenth Century)

(THE WELLINGTON.)
(1812)

CIVIL.

(THE PARIS BEAU.)
(1815)

(THE D'ORSAY.)
(1820)

(THE REGENT.)
(1825)

MODIFICATIONS OF THE BEAVER HAT.

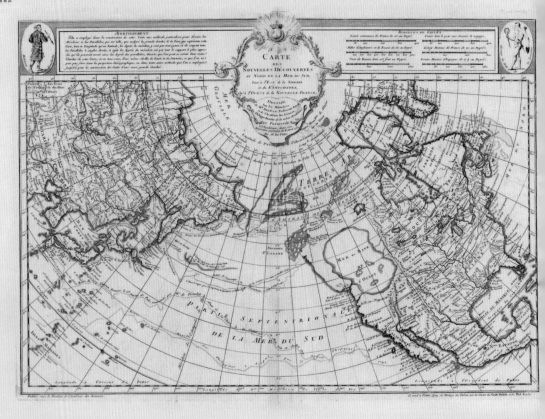

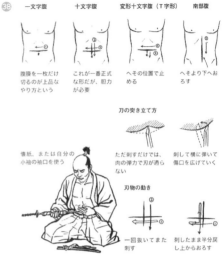

OBSERVATOIRE DE PORT FAMINE

Sad Topographies

Sad 悲傷的

形容詞 \ 'sad \

感覺或展現出傷心悲哀或不快樂。

同義詞：blue（憂愁的），brokenhearted（心碎的），
cast down（低落的），crestfallen（喪氣的），dejected（失意的），
depressed（沮喪的），despondent（鬱悶的），
disconsolate（失落的），doleful（哀傷的），down（低沉的），
downcast（悲哀的），downhearted（心沉的），
down in the mouth（愁苦的），droopy（消沉的），
forlorn（惆悵的），gloomy（陰鬱的），glum（愁悶的），
heartbroken（斷腸的），heartsick（悲痛的），
heavyhearted（沉重的），inconsolable（無可安慰的），
joyless（毫無樂趣的），low（情緒低下的），melancholic（憂鬱的），
miserable（悲慘的），mournful（淒楚的），saddened（黯然的），
sorrowful（哀慟的），sorry（難過的），unhappy（不快樂的），
woebegone（悲愁的），woeful（不幸的），wretched（可憐的）

目次

INTRODUCTION

前言

「我討厭旅行，我恨探險家。」這是克勞德·李維史陀（Claude Lévi-Strauss）為他的人類學回憶錄暨旅行見聞錄《憂鬱的熱帶》（*Tristes Tropiques*）所挑選的開場白——該書於1955 年在法國初版，1961 年翻譯成英文。李維史陀在開頭幾頁冷冷宣告他對旅遊書的不屑：「我有好幾次打算動筆寫這本書，但每次都因為羞辱與厭惡之感而無法開始。」這本書的英文版保留了法文書名，沒有翻譯，因為提出的幾個英文書名，不管是「Sad Tropics」或「Tropics of Sadness」，都欠缺李維史陀想要傳達的幽微尖酸。

2015 年中，我偶然發現了絕望山（Mount Hopeless）。不是真實的地理地貌，而是在一張南澳地圖上發現它的名字；兩個米粒小字依偎在密密麻麻的等高線之間。這個美妙又荒謬的小發現令我震驚——我心想，為什麼在杳無人煙的曠野中，會有一座名叫絕望的山呢？於是我開始在谷歌地圖裡，鍵入其他的沮喪同義詞，接著，從我電腦螢幕無所不知的光芒背後，我挖掘出一段封塵已久的本國歷史：憂鬱潭（Melancholy Waterhole）、失望灣（Disappointment Bay）、悲慘島（Misery Island）、飢餓溪（Starvation Creek）、自殺角（Suicide Point）。套用李維史陀的話，那段時間我都居住在「已經消逝的現實的遺痕之中……」。幾個月後，我初步有了一批收藏，有了某種沮喪地圖

珍奇櫃（cabinet of curiosities）。〔譯注：珍奇櫃是文藝復興時期用來收藏世界奇珍異寶的櫃子，以此做為世界的縮影與記憶的殿堂，博物館的前身〕

　　我們是在地圖上發現地景與語言的結合。地圖並非世界的客觀再現，而是心智的產物；反映地圖製作者的文化和經驗，以及地圖製作的時空背景。地圖是文件、文物、指南、權威和故事。

　　1606 年，威廉‧楊松（Willem Janszoon）和「小鴿號」（Duyfken）的荷蘭船員出了一趟探險任務，要去繪製新幾內亞海岸的地圖，他們在一無預期的情況下，偶然發現了當時還不為人知的澳洲大陸。他們以為那裡還是新幾內亞，無意間成了第一批踏上這塊未知土地的歐洲人。楊松發現，這個地方「……住著凶猛、殘酷的黑皮膚蠻族，殺害了我們的幾名水手」，他補上這句：「我們對這裡的情況一無所知，也不知道這裡可取得哪些物資和需要哪些商品。」這些難以捉摸的人民和他們對貿易的無所偏好，令人沮喪，楊松和他的船員決定放棄任務，這趟旅程只留下造成若干水手與當地人死亡的血腥場面。楊松在他的地圖上為這個地方取了一個不祥的名字：奇異角（Cape Keerweer）——荷蘭文「轉身」之意。

　　在十五世紀至十七世紀的地理大發現（Age of Exploration）

時代，楊松的遭遇可說是歐洲探險家的旅程寫照。如果我們根據地理大發現這個名稱，相信這類探險家是出於良善的好奇心，只是渴望以仁慈帝國之名，去測繪那些未經探勘的土地，那麼歷史所呈現的，卻是另一個故事。

令早期歐洲探險家懊惱的是，澳洲並非無主之地（Terra nullius），不是他們地圖上那一大片無人居住的空白。原住民取的地名，藉由口語相傳已經保留了五萬多年，這些名字不僅是地形的識別碼，也是與地景地貌相互交織的創世傳說與神話故事。原住民曾經賴以導航的，並非地圖，而是歌謠。如果能以正確的順序背誦古代創世神話的歌謠，你就能穿越遼闊大地。歐洲人入侵之後，歌謠與地名雙雙失傳。地方重新命名，如今反映的是一種新型故事；領土征服和殖民遠征的故事，這塊地景令人想起的不再是神話中的神靈，而是探險家、地理學家、皇族和名流。

我漸漸了解，研究地名的學問稱為地名學（toponymy），研究各種專有名詞的專名學（onomastics）的一個冷僻分支。地名學的功能既是識別碼也是紀念碑，這點在殖民探險時代尤其真確。本書許多悲傷的地名都是源自於地理大發現時代，不是與浪漫冒險故事有關的探險，而是渴望征服世界、榨取自然資源、擴張王國帝國、剝削未開化和野蠻民族並讓他們改信基督教的探險。大多數的悲傷地名之所以出現在南北美洲、加拿大、澳洲和

紐西蘭這類後殖民國家，並非巧合。李維史陀在熱帶發現的憂鬱，是地理大發現以來緩慢燃燒的破壞遺痕。他所目睹的，是文明逐漸消失的悲傷，一個垂死的世界，瀰漫著他的研究對象被迫背負的後殖民憂鬱。

最早的地名學家是說故事的人，他們企圖透過歷史、神話與想像的交織，解釋被遺忘的地名起源。地景的功能，經常是做為語言的隱喻，據說人們可以像閱讀書本那樣閱讀地景。在這層意義上，地名就像某種索引；每個名字都是寫在地景書頁上的故事標題。美國歷史學家喬治‧史都華（George R. Stewart）在《地上之名》（*Names on the Land*）中寫道：「從地名可以得知這裡的人如何希望與掙扎，另一個地方的人如何夢想、死亡或淘金，還有一些人如何開玩笑，如何扭曲舊地名並創造新地名……它們都和這塊土地本身以及這個民族的冒險密不可分。」

每個地名背後都有一則故事，而在這些悲傷地方的案例裡，故事背後都是一樁悲劇事件。儘管這些事件常常是真的，但更常見的是，這些事件的記憶往往都淡去了，就像風化的路標指向一條廢棄的道路，只有名字還留著，回響著一個不復記憶的時代。在這本書裡，我企圖沿著那些道路前進。它們經常彎來繞去，岔分成更多小路，通往讓人瘋狂迷路的森林，在那些森林裡，你不

可能區分歷史或神話，虛構或事實，記憶或想像。所以，本書也是一趟不太真實的偏岔之旅，通往一些怪異隱晦的歷史：蘇聯科幻小說和宗教隱士，原子彈測試場和旅館命案，詭祕的加油站和人類世（Anthropocene）的憂鬱。〔譯注：人類世是地質學新名詞，指人類對環境和生態造成的影響，已經讓地球進入新的地質時代〕

　　我沒去過書中任何一個地方，未來大概也不會去。雖然可以將這本書視為某種地名學彙編，但也可以把它當成旅遊指南，或說得更準確一點，是反旅遊指南；它是寫給我們這些垂頭喪氣者的地名錄，那些飽受憂鬱黑膽汁折磨的人。就像地景可扮演語言的隱喻，反之亦然。故事也是某種想像之旅，一趟穿越心靈地景的路程。在李維史陀的旅遊書裡，他企圖說服讀者不要去旅行，以免緬懷起「……那些還能真正旅行的時代，還有機會看到尚未被破壞、汙染或弄亂的奇觀，還能看到它的輝煌全貌……」。他以厭世的絕望寫道：「如今我們環遊世界看到的第一樣東西，就是我們自己的齷齪，它就被扔在人類面前」……接著，他請讀者思量，「所謂的逃避現實去旅行，除了讓我們面對人類歷史中的更多不幸之外，還有別的功能嗎？」

　　1790 年，法國作家薩米耶・德梅斯特（Xavier de Maistre）因為決鬥輸了，被罰在自家臥室關禁閉四十二天。在那間周長

只有三十六步的臥室裡，德梅斯特為了排遣無聊，寫了一本旅遊書，取名為《在自己房間裡的旅行》（A Journey Around My Room）。他日日在這個狹小的空間裡遊歷，彷彿那是一塊遼闊大陸；他探索房間裡的各個角落，彷彿它們是無邊荒野；他研究房裡的家具，彷彿自己是個人類學家；他從窗戶向外凝視，彷彿正在一列沒有盡頭的火車旅程中穿越陌生土地。他向每個人推薦這種旅行和探險模式，特別是沒錢、體弱和懶惰的人，因為它絕對負擔得起，而且舉世通用。他的想像力帶他穿越房間四牆，以最大的探險熱情展開旅程。

德梅斯特證明，透過故事，我們可以探索和遊歷世界的各種地形，甚至無須踏出舒服的房間。「當我遊歷我的房間時，」他寫道：「我絕少循直線而行：我從桌子走向一幅掛在牆角的畫，之後又以斜角朝房門走去；儘管本意是朝向某個目的地，我卻經常半途改變方向，如果走到一半碰到扶手椅，我可不會死腦筋，我會毫不猶豫地舒舒坦坦往上一坐。」

所以，我邀請你待在家裡，泡一杯好茶，窩進你的扶手椅。你即將開始，探險地球上最悲傷的地方。

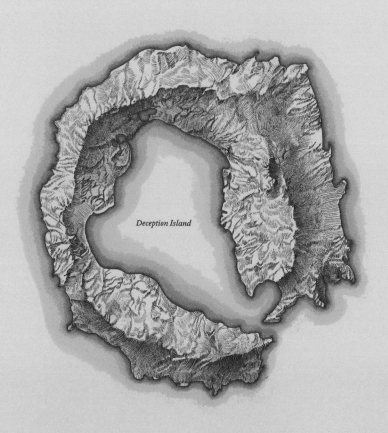

Deception Island

欺騙島

南極洲

DECEPTION ISLAND

Antarctica

欺騙島不是尋常島嶼。1908 年 12 月 22 日，「何不號」（Pourquoi-Pas）船員歷經六天的南極風暴和嚴重暈船之後，突然船身一斜，跌進冒著熱氣的一座破火山口，那就是欺騙島。十二公里寬的圓形劇場由港口四周的黑山環抱，為地獄般的奇觀架好了舞台。捕鯨船——它們的燃料不是煤而是死企鵝——擠滿海灣，有如一場毛骨悚然的艦隊嘉年華。「鯨魚碎片四處漂浮，」法國探險家尚—巴蒂斯特・夏古（Jean-Baptiste Charcot）事後在他的「何不號」日誌中寫道：「……魚體正被劈開，或在不同的船隻旁邊等著被劈開。臭不可聞。」沿著捕鯨人灣（Whalers Bay）漬滿鮮血的沙灘，在腐爛的屍體和肢解的骨骸中間，立著一座座巨大的鐵桶槽，鯨魚的骨肉在咆哮的爐火中蒸煮，火光照亮小島，夜以繼日。充當漂浮屠宰場的船體下方，染血的破火山口沸騰冒泡，汩汩作響，升騰出一道濃霧，籠罩四周，死亡的惡臭盤旋在萬物上方。海灘上，煉金術士正在將鯨肉鯨脂提煉成鯨油，將鯨油點化為商品。

1821 年，二十一歲的康乃狄克人納撒尼爾・帕爾默（Nathaniel Palmer），駕著一艘跟划艇差不多長的單桅小帆船，偶然在島嶼的山脈側發現一道窄縫。在那一刻，他也同時發現了一座正在打瞌睡的火山，以及，有點諷刺的，南極最安全的港口——一個可以躲避南大西洋狂風和碎裂浮冰的罕見避風港。

當時他想尋找的不是鯨魚，而是海狗。在南極，人們最早獵捕的動物是海狗——而且是以你能想像到最不永續的方式。人們把海狗亂棒打死或用矛刺死之後，將皮清洗乾淨，裝進桶裡，運到歐洲、北美和中國。隨著越來越多的獵人在每年夏天抵達，新獵場的爭奪也越來越凶狠。短短五個夏天，海狗就數量銳減，瀕臨絕種。「等到海狗的數量不足，」一位評論者指出（他沒怪罪獵人，而是責備海狗增產的速度不夠快），「……我們的船隻很快就改以捕鯨保住領先地位。」南極供應了大量鯨魚，而捕鯨人也找到對牠們珍貴油脂飢渴不已的全球市場。

今日，我們很難領略西方社會近幾個世紀對鯨油的仰賴程度。它是化

妝品、機油和洗滌劑的成分，在織品、黃麻、皮革、油氈、繩索、清漆、油漆、肥皂和人造奶油的生產中，也都扮演了某種角色（圖1）。它用來潤滑時鐘和天文錶之類的精密機械，當成維他命吃下去，並在兩次大戰期間變成製造硝化甘油炸藥的必備品。不過，它最大的功能是在照明方面。所謂的鯨腦油（spermaceti）比蜂蠟和動物油脂更好，可以產生更明亮、更乾淨、更無煙的火光，鯨腦油是從割斷的抹香鯨頭部用桶子舀出來。它照亮了歐洲和北美的數百萬家庭、街燈、燈塔和建築物。鯨油變成現代性命脈裡不可或缺的成分，在新工業世界的血管裡流動，讓時鐘滴答、燈光閃爍、炸彈爆裂。

　　幾乎在一夜之間，欺騙島就變身為忙碌的捕鯨工廠（圖2）。1850 年代中葉，煤油的發明終於開始取代鯨油，成為民眾的燃料首選。1920 年代，抵達南極的捕鯨船配備了內建滑道，可以將鯨魚拖到甲板上進行加工，從而使得欺騙島這樣的避風港無用武之地。更快的加工等於更多的鯨油，更多的鯨油帶來更大的利潤，最終導致鯨油市場過度飽和。結果就是鯨油價格大跌，利潤較低的陸地型鯨油加工業，也隨之戛然收場。十九世紀和二十世紀對鯨油的倚賴，在許多方面與二十一世紀對礦物油的倚賴有著超乎尋常的相似性。「捕鯨人是某種海盜礦工——某種海洋石油挖掘機，」英國作家菲利浦・霍爾（Philip Hoar）在《利維坦或鯨魚》（Leviathan or, The Whale）一書中如此寫道：「……他們為工業革命火爐所提供的助燃貢獻，不下於任何一個將煤礦從地底挖出來的人。鯨油和鯨骨都是機械時代的大宗商品。」1931 年，欺騙島上最後一家捕鯨公司終於停業，島上的商業捕鯨徹底結束。

　　欺騙島就此廢棄，直到 1941 年，英國海軍決定摧毀剩下的油槽和其他設備，減低該島對德國海軍的吸引力。德國人沒有現身。倒是阿根廷人在隔年造訪，四處留下一些國徽國旗，半心半意地企圖宣告主權。過沒多久，英國人就回來重新換上他們自己的國旗。1944 年，一群英國科學家

在島上建立一座常設研究站。1955 年，智利決定在欺騙島上分一杯羹，於是在英國研究站旁邊蓋了自己的研究站。雖然有好幾個國家同時聲稱自己擁有欺騙島的主權，但該島的衝突少到驚人，甚至有茶會的報導。不過，到了 1960 年代末，欺騙島決定用一連串的火山噴發驅逐不受歡迎的占據者，研究站毀了，所有東西全都埋在好幾英尺深的泥灰之下。

今日，欺騙島是根據南極條約體系（Antarctic Treaty System）進行管理，每年的短夏期間，可以看到揹著相機的遊客漫步穿越那些荒廢的結構物，它們歪歪斜斜、半埋半沉在黑色的火山沙裡。英國文學評論家暨哲學家威廉‧哈茲利特（William Hazlitt）寫道：「人生就是被好好欺騙的藝術；為了讓欺騙成功，必須騙成習慣，騙個不停。」2007 年，一艘豪華郵輪在進入欺騙島被淹沒的破火山口時，不小心撞上岩石，將兩百加侖的原油和燃料潑灑到海灣裡，汩汩冒泡的海水再次改變了顏色，這次不是紅的，而是代表現代性的新黑血。

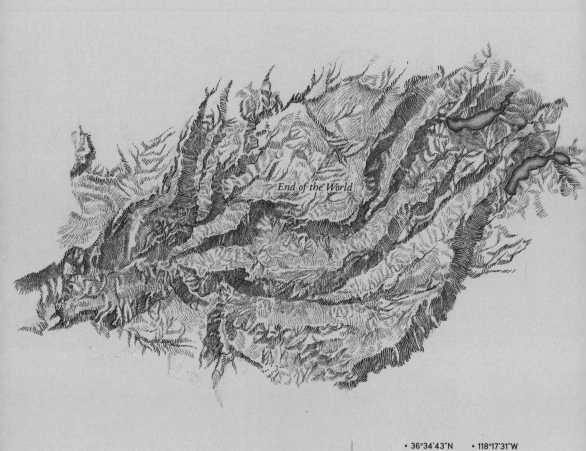

End of the World

• 36°34'43"N   • 118°17'31"W

END OF THE WORLD

California, USA

「世界盡頭」超難找的。它不在北極或南極，也不在古老的馬雅神廟，或迷航水手跌入神祕深淵的南冰洋。然而，你可以在加州東部遙遠偏僻的荒野深處，找到它的藏身地。那裡散躺著一度滿懷希望的淘金客的骸骨，隨意點綴在內華達山脈（Sierra Nevada）遼闊無情的地景上。

1848 年 1 月 24 日，一名工廠工人偶然在美國河（American River）的河砂裡，發現數枚閃亮亮的黃色薄片，這條蜿蜒的水道是從內華達山脈的山基處迤邐而出。他完全沒料到，他與那幾個光燦斑點的巧遇，將改變世界歷史的進程。《紐約先驅報》（The New York Herald）很快就聽說了這次發現，幾乎在一夜之間，就有千千萬萬的絕望者為了致富朝加州山區蜂擁而去，他們來自南北美洲和歐洲各地，甚至有人不辭千里從澳洲、紐西蘭和中國迢迢而來。「加州」變成了黃金不可磨滅的同義詞。「加州夢」在集體的想像中沉溺，變成財富與新人生的許諾之地。但你要有本事能搶先抵達，才有辦法讓美夢實現。1848 年時，沒有任何輕鬆之路可通往加州，即便你已經住在北美。當時的美國，絕大多數地區都是沒人探索過的遼闊地景，公路與鐵路網都不存在。從東岸到西岸，走陸路是一段困難又危險的旅程，就算真能走到，也要花上好幾個月。弔詭的是，大多數從東岸到西岸的旅行者都是走海路，繞過南美洲的尖端──這是一段艱險航程，得忍受八個月的折磨。有些人往南航行到巴拿馬，然後借助獨木舟和騾子，穿越濃密的熱帶雨林往西跋涉，等到他們抵達太平洋那頭，再轉搭船隻前往舊金山。每條路線都有各自的致死危險；有災難性的事件──船難、傷寒霍亂、原住民突襲、武裝團夥搶劫──也有比較尋常的倒楣不幸，例如半途迷路。

從土裡辛勤得來的黃金，開始改造孕育它的那塊地景。城鎮，以及連接城鎮的道路，一夜之間化為實體。為了支撐不計其數罹患淘金熱的新來者，各種行業應運而生。舊金山這個小港鎮，1846 年時只有兩百位居民，到了 1852 年，已經爆發成擁有三萬六千人口的繁榮大都會。黃金，加上它滋養出來的強烈誘惑與美夢，變成煉金術的原料，將荒野化為城鎮，城鎮化為都市（圖3）。

為了尋找難以捉摸的礦藏，淘金客漫遊到未知的土地，不斷推進到加州的荒野深處。他們搜索河床，切入山腰，翻開石頭泥土。他們沒有地圖，因為不需要——世界的這一部分，當時還是未知領域。淘金客化身為探險家。他們在那塊地景上開拓殖民地，以自身經驗為它們命名。於是，「最後機會」（Last Chance）、「魔鬼山」（Devil's Peak）、「地獄洞水庫」（Hell Hole Reservoir）、「魔鬼之門」（Devil's Gate）、「迷路峽谷」（Lost Canyon）、「死亡森林」（Deadwood）、「世界盡頭」（End of the World）這樣的地名，便以某種方式總結了加州淘金客的嚴峻生活。事實證明，淘金是一場豪賭，它激發了許多人的想像力，但很少人得到回報。雖然偶爾有窮人因此致富，但絕大多數採礦者只是變得更加貧窮。然而，貧窮是他們最不操煩的事，因為對那些來自世界各地熬過艱辛旅程存活下來的無數人而言，死亡依然長伴左右。死於落石、熊隻、疾病、箭矢或溺水的可能性，宛如惡毒的影子，緊緊跟隨。

因黃金誘惑而受苦的，不僅限於不幸的淘金客。採礦業和採礦者都為美國原住民帶來了大災難；這個族群已經在西班牙人手中飽受過疾病和屠殺之苦。在加州渴求黃金的淘金客們，把原住民驅離以往打獵、捕魚和採集食物的土地。有些人在誓死保護家園和家人的心情下，攻擊了採礦者，結果只是讓採礦者以此為藉口，屠殺整個村莊。加州的第一任總督彼得‧伯內特（Peter Burnett）宣布，原住民有兩個選擇：滅絕或搬家。四千多個原住民孩童賣給殖民者當奴隸。1845 年，也就是淘金熱開始前三

年，加州估計有十五萬原住民；到了 1870 年，只剩下三萬人。

　　飢渴黃金的採礦者，秉持著他們對財富的不懈追求，撕扯土地，挖空土地，把土地搞得燒焦烏黑。巨大的高壓水砲炸開山腰、河流改道築壩，整座森林──包括千年的紅杉神木──砍伐一空，還讓有毒的副產品，也就是汞，順流而下，殺死魚蝦，毒染河水長達好幾個世紀。加州大灰熊或許是所有動物裡遭遇最淒慘的。為了取悅那些欠缺娛樂的採礦者，大灰熊遭到獵捕，放入競技場，與公牛和其他毫無戒備的野獸廝殺。當公牛與灰熊大戰變得無趣之後，有錢的採礦者甚至進口了非洲獅，重振場上的興奮之情。第一批淘金客進入加州山區不到七十五年，加州大灰熊幾乎被殺光了。1922 年，大灰熊被宣告絕種。

　　然後，某一天，加州淘金熱畫下了句點，退燒的速度就跟它發熱時一樣快。千千萬萬沒收到這消息的人，繼續湧入已經挖光的金礦田，卻發現那裡一無所剩。「好日子過去了，」一首淘金熱的旋律這樣唱著：「採礦者一敗塗地……我一無所剩／我再也無法，無法看到／我那幸福快樂的家，如此遙遠。」

　　在漫長的加州夏季，遊客在淘金熱年代散落的廢墟間漫步，穿越被過去創傷搞得坑坑疤疤的地景。凹陷的礦坑，倒塌的建物，雜草叢生的道路，以及只以褪色記憶存在的整座鬼城，尚未治癒的地形傷痕。儘管有數千人遭到謀殺、地景受到摧殘、河流中毒、物種滅絕，還是有許多人戴著玫瑰色的眼鏡，回顧人們如何瘋狂追求那個閃亮亮的黃色礦物。那些前往世界盡頭的人，是北美歷史上最大一次移民潮的一部分，但對在那塊土地上土生土長的原住民而言，移民帶來的只有痛苦和破壞。

Grief Bay

Sorrow Islands

憂傷群島

英屬哥倫比亞，
加拿大

SORROW
ISLANDS

British Columbia,
Canada

倫敦，1854 年。這座城市正處於另一場瘟疫爆發的劇痛期，1831 年起，一連串致命浪潮蹂躪了這座城市的貧困人口。單單前一年，這個謎樣的疾病光是在倫敦和新堡（Newcastle）兩地，就奪走了一萬多條人命。1854 年夏末，疾病再次橫掃倫敦，這回以蘇活區最為慘烈。9 月分的頭三天，疾病殺死了一百二十七人。和 1666 年的瘟疫一樣，人們紛紛逃往鄉下，留下空洞、凋敝的城市。

在人們的記憶中，長久以來，永恆的乾靈始終籠罩著倫敦，那是一道持久的灰霧，由燃煤廠、啤酒廠、肥皂爐和石灰窯噴出的有害氣體所構成。「它看起來似乎有部分是來自於有毒煙霧，」維多利亞時代藝評家約翰·羅斯金（John Ruskin）在他的日記中寫道：「這很有可能……但煙霧本身不會以如此狂野的方式來回飛舞。在我看來，它更像是由死者的靈魂所構成。」

一層頑固的黑煤煙和汙垢緊黏在這座城市的每一塊表面上，一如船底的藤壺。在褥熱的夏日太陽下，泰晤士河變成人類和動物屎尿徐徐沸騰的化糞池，產生的惡臭難以忍受，政府不得不把用氯化物、白堊石灰和石碳酸組成的濃縮液倒入河中，企圖緩解臭味。但即便是這條噁臭之河，也不能和無法逃脫的死亡氣味相提並論，後者似乎定居在這座城市的每一顆毛孔裡。那個神祕疾病的罪魁禍首，無可避免地落到空氣頭上，因為在集體的想像中，空氣已經腐敗到似乎變形成某種會幻化模樣且帶有惡意的實體。這實體之所以如此恐怖，是因為它會降臨在某些人頭上，但卻莫名其妙地避開其他人。它是個被喚醒的夢魘，吞噬著這城市的想像力，是一種難以捉摸的力量，無法獵捕或阻止。羅伯·西摩（Robert Seymour）是當時住在倫敦的一位藝術家，他在倫敦一份報紙上發表了一張插畫，一具巨大的骷髏披著白床單斗篷盤旋在倫敦上空。它伸直骨瘦嶙峋的長手臂，滑飄過籠罩在不祥黑霧裡的天際線。人們無法與它對抗，唯一能做的，就是給它取名字。他們叫它「瘴癘」（miasma）。人們相信，當黑暗席捲城

市，瘴癘就會現身，在倫敦街道蜿蜒而行（圖4）。膽敢冒險外出或忘了把房子密封緊閉的人，幾乎沒有機會逃脫魔掌。英國皇家海軍測量員丹尼爾・彭德（Daniel Pender），當時與妻子和兩名幼女就住在這座城市裡。我們對彭德了解有限，只知道他的值勤船隻「雷納德號」（Renard）停泊在法爾茅斯港（Falmouth）時，接到倫敦家人生病的消息。他隨即趕返該城，沒想到隔天抵達時，他已不再是人夫與人父。

內科醫生約翰・史諾（John Snow）當時也住在倫敦，他篤信懷疑主義，為那個神祕疾病發展出另一套理論。1854 年 9 月 8 日，他將蘇活區一具公共水泵的把手卸下來後，該街區的瘟疫幾乎應聲結束。不過，還得花上好幾個月的時間，人們才真正確認，罪魁禍首並非眾所以為的惡意瘴氣，亞洲霍亂不是經由空氣傳播，而是透過該城的飲用水。

然而對彭德而言，已經太遲了。將一個人綁在某個地方的所有牽繫，就這樣在一瞬之間消失無形，他離開倫敦，重返大海。三年過去，憂傷依然縈繞著彭德，當時他正在測量英屬哥倫比亞的遼闊海岸。他的任務是要為這個新國度未經探勘的遼闊海岸線繪製有系統的地圖，並且命名。1857 年至 1870 年這段期間，他測量並命名了許多山脈、海灣、島嶼、海峽、川流、水灣；為一塊在當時地圖上只有模糊實體的地景賦予特色。在這個宛如念咒的過程當中，彭德逐漸發現，命名既是與無常記憶的戰鬥，也療癒了他的昔日悲傷。1863 年，在他為毀滅海峽（Devastation Channel）命名之後，晉升為「毀滅艦」（Devastation）的艦長。彭德也從早年生涯汲取靈感，為其他地點命名。例如他用狄更斯小說《董貝父子》（Dombey and Son）的角色，為溫哥華島（Vancouver Island）西岸外的一小群島嶼命名。

1666 年倫敦大瘟疫期間，人們經常將「abracadabra」（驅病咒語）這個字以倒三角形的格式刻在房子前門（圖5）。這個字後來與舞台魔術密不可分，但在這之前，人們認為它擁有神祕的保護力量。西元

三世紀的內科醫生昆圖斯‧薩連諾斯‧薩摩尼古斯（Quintus Serenus Sammonicus），率先開立「abracadabra」這個咒語當成預防疾病的藥方。不過它的起源可以追溯到更遠的古亞蘭語（Aramaic），意思是：「我造我所說。」認為詞語或名字擁有深奧質性的想法，也可在德國童話《侏儒怪》（Rumpelstiltskin）裡找到，故事中的磨坊主人女兒，必須猜出侏儒的名字，才能保住她的小孩。這兩個例子都顯示出，名字不僅是識別碼，也可以發揮保護者和拯救者的功能。彭德用「憂傷」（Sorrow）與「哀戚」（Grief）這兩個名字，將地景轉化成故事，可以閱讀、導航，也可以留在身後，遺忘它。

Road to Nowhere

• 63°44'55"N   • 68°31'11"W

無處可去路

伊魁特，加拿大

ROAD TO NOWHERE

Iqaluit, Canada

一根略微彎曲的生鏽桿子，標示著這條道路的起點，感覺不太吉祥。路標早就不見了，你只能假設它一度標示過路名。狹窄的土路在低矮的山丘上蜿蜒，經過一堆新蓋好的木造公寓。漆上鮮豔原色的建築物，看起來有如著色書裡的俗麗插圖，襯在脫了色的北極地景上。道路的右邊是死犬湖（Dead Dog Lake）。道路穿越起伏、無樹的深雪或北極苔原（依季節而定），最後融入周遭地景，驀然消失。走到這裡，你期待發現「無處」（Nowhere），但你看到的，卻是一扇生鏽大門，通往廢棄的射擊場。

　　你可以在伊魁特郊外找到無處可去路。伊魁特是加拿大最小的地方首府，位於該國東北角的冰凍海岸。地理上更靠近格陵蘭的首都而非加拿大，它也是加拿大唯一一個和該國其他地區沒有公路、鐵路相連，而且一年大多數時間也沒船隻通航的主要城市。它名副其實就是一座無處可去的城市，至少真的有一條通往無處的道路。有趣的是，儘管這樣遺世獨立，它卻是加拿大人口成長最快的首府城市。直到不久之前，伊魁特都只是一個微不足道的濱海小村，住了一小群因紐特（Inuit）漁夫。然而，當二次大戰期間，美國空軍在未宣布的情況下於該鎮郊區打造了一座祕密空軍基地之後，一切都變了。那座空軍基地的代號是「水晶二號」（Crystal Two），屬於「深紅路線」（Crimson Route）的一站，一連串的美加護衛隊利用這條航線將空中補給從北美運送到歐洲的激戰區。幾乎一夜之間，這個迷你的北極漁村，就變身為繁忙的軍事作業區，住了好幾百名營建工以及行政和軍事人員。到了戰爭結束時，它已變成一座小城市，擁有超過一千位永久居民。接著，在 1959 年至 1962 年間，也就是美國最恐懼蘇聯的時期，北美空防司令部（North American Aerospace Defense Command, NORAD）在該城近郊蓋了一系列祕密雷達站。它們是從太平洋祕密跨越北極延伸到大西洋的數百座雷達站其中一部分。這條看不見的防線從阿拉斯加到冰島，橫跨將近一萬公里。它的目的是要偵測前往美國的蘇聯轟炸機和戰艦，當時有許多人相信那是迫在眉睫的入侵。

　　今日很難想像，1950 年代和 1960 年代初，美國人集體想像中那種

永恆的恐懼狀態。空襲警報器安裝在無數城鎮裡。學校、商店和政治機構下方，都蓋了掩體。家中的電視螢幕閃爍著毀滅性的蘑菇雲正在吞噬毫無防備的地景。郊區的中產階級家庭，在後院蓋了防輻射的原子塵避難所。學校的孩童演練著如何戴上防毒面具。老師省略掉核武戰爭複雜難解的政治問題，直接向學童介紹擬人化的卡通烏龜伯特（Bert），它示範該如何在脆弱的學校課桌下找掩蔽。「烏龜伯特很有警覺心，」民防宣傳用好記的語調表示，「……面臨危險威脅時，他不曾受傷，因為他知道該怎麼做……他會臥倒！掩護！臥倒！掩護！」（圖6）1961 年 10 月 30 日，蘇聯在偏遠的北極群島丟下五千萬噸沙皇炸彈，釋放出來的殲滅力量是廣島和長崎兩顆原子彈加總起來的一千五百七十倍，這時，烏龜伯特顯然需要更好的建議。

在冷戰時期好幾個緊張時刻，美國政府差點就要讓世界退回到石器時代初期。其中一個接近世界末日的事件，發生在 1961 年 11 月 24 日，當時美國戰略空軍指揮部和北極北美空防司令部雷達站之間的通訊線路，突然莫名奇妙全部死當。來自這些雷達站的通訊同時失去，實在太不合理；因為當初為了避免發生訊號丟失的意外，做了許多防呆措施。在緊急無比的判斷下，他們假設所有人最害怕的情況已經發生，蘇聯正在進行全面性的核武攻擊。全美各地的空軍和飛彈基地進入紅色警戒；裝載核武彈頭的 B52 轟炸機駛上跑道，準備起飛。在那極其難捱的十二分鐘裡，每個人都屏氣凝神地站著，等待反擊的命令。不過，在任何命令下達之前，有個人發現，那些通訊線路都會經過科羅拉多州的一個電話中繼站，而在那天晚上，有個馬達過熱，關閉了雷達站與好戰指揮官之間的線路，那些指揮官正將顫抖的手指擱在大型的紅色按鈕上。

如我們所知，蘇聯人從沒抵達，炸彈也沒落下。全國各地的原子塵避難所改裝成酒窖，口糧過期，防毒面具改成紀念品，烏龜伯特也毫不客氣地從公職退休。隨著時間流逝，恐共情緒日漸平息，褪出記憶。北極的雷

達站變得冗餘，最後被更新的衛星科技取而代之。不過，還是有不少留了下來，點綴在白雪覆蓋、遭到遺棄的北方地景上，成為過剩戰爭的古老象徵。如果你發現自己位於伊魁特郊外，站在無處可去路的盡頭，往北望去，越過波浪起伏的苔原溼地和沼澤湖泊，你可能會在遠方看到某個北美空防司令部雷達站的白蘑菇圓頂。它是歷史的遺跡，是一條道路的廢棄紀念碑，幸運的是，那條道路無處可去。

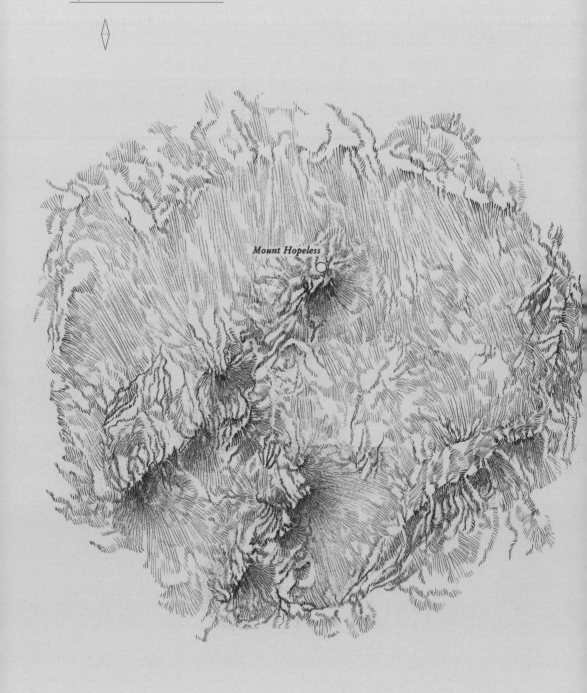

• 34°01'S • 150°03'E

Mount Hopeless

絕望山

南澳，澳洲

MOUNT
HOPELESS

South Australia,
Australia

在南澳內陸一處偏遠地方，有座石塚匍匐在毫無特色的地景上。1840 年 9 月 2 日，愛德華・艾爾（Edward Eyre）懷著一顆低落之心站在這裡。環顧四周，除了他剛來的那個方向，其餘淨是一望無際、閃閃發亮的鹽水湖。艾爾的探險並未照計畫進行。

自從歐洲人在七十多年前首次抵達這塊大陸以來，就有各式各樣的謠言談論著位於這座島嶼遼闊內陸的未解之謎。有些人推測那裡是一片內海，或一個浩瀚的河流網，也有人想像那裡是翁翁鬱鬱的草原牧地。要提出一些天花亂墜的主張很容易，畢竟當時還沒有任何歐洲人曾冒險深入遠離海濱之處，所以再怎麼天馬行空的想像，也沒人能反駁。1827 年，湯瑪斯・馬瑟倫（Thomas Maslen），一位退休的英國東印度公司官員，出版了《澳大利亞之友》（*Friend of Australia*）一書。雖然馬瑟倫本人根本沒去過澳大利亞，但他不覺得這會妨礙他出版自己的探險家手冊，書中還附了地圖和指南，提供給想冒險深入島嶼神祕內陸的讀者（圖7）。該書所提出的最大宣稱或許是：澳洲中心是一片巨大的內海，並可經由遼闊的三角洲與印度洋連結。馬瑟倫甚至畫了一張手繪地圖。他表示，「世人無法忖度這位寬宏造物主的作品，也不可能相信，會有任何不完美存在於我們的星球表面，如果這樣一塊大陸竟然沒有自己的河道出口，肯定會是不完美的。」馬瑟倫認為，就像北美洲有密西西比河，南美洲有亞馬遜河，非洲有尼羅河，亞洲有恆河和湄公河，寬宏的造物主自然也會替澳洲打造自己的大河系統——哪怕是注入一座內海。馬瑟倫對他的內海堅信不移，堅稱凡是合格的內陸探險家都會做出明智判斷，帶領一支船隊前往。事實證明，那本書相當成功，不是賣得很好或資訊很實用，而是成功助長了內海的神話。

十年歲月之後，骨瘦如柴、臉色蒼白、輕聲細語、年方二十三的愛德華・艾爾，決定一勞永逸搞定這件事。他去澳洲是為了逃避兵役、大學

以及回到英國的嘮叨雙親。最重要的是，他想當一名探險家，而實現這個夢想的最佳地點，莫過於這座新近發現的島嶼，這塊「未知的領域」（Terra Incognita）。抵達澳洲且牧羊失敗之後，他將羊群趕到新興城鎮阿得萊德（Adelaide），在那裡把羊賣了，拿到一筆小財富。有了這些基金，他就可以實現他的冒險狂想。1840 年 6 月 18 日，艾爾及由五名歐洲人組成的小組、艾爾的好友約翰·巴克斯特（John Baxter）和威利（Wylie）、兩位原住民嚮導、十三匹馬、四十頭羊，外加三個月的補給品，從阿得萊德出發，直奔澳洲的未知內陸。

三個月後，那個小組發現包圍他們的並非一塊蓊蓊鬱鬱的草原牧地，而是「……光禿、貧瘠的植被，且覆了厚厚一層鹽巴，呈現出你能想像到的最悲慘、最憂鬱景象」。艾爾爬上一座石頭山，陷入極度失望的狀態，凝視著無法穿越的液態地景。

他的確發現一個巨大的水體，但它離阿得萊德太近，顯然不是那座神祕的內海。「登上絕望山，」艾爾在日記中如此寫道，無意間為途中的一座山脈取了名字：「眼前的景象真是淒慘又無望。它斷了我的所有遠征夢，為我熱切期盼的鴻圖大業畫上句點。出現在我眼前的景象，足以澆熄最狂烈的熱情，打消最懷疑論者的疑慮。」

不幸的是，艾爾的探險沒有最糟只有更糟。他們不指望能發現任何內陸，放棄之後，徒步走回阿得萊德，做了補給，接著再次啟程，這一次往西南，沿著未經探勘的海岸走。長達兩個月的時間，他們在酷晒的沙漠烈日下一直往西走。他們左邊是陡峭的懸崖，筆直落入洶湧大洋；他們右邊是敵意的沙漠，無盡延伸。

他們別無選擇，只能往前進，或再次丟臉地撤退。毫無疑問，艾爾覺得自己必須為正在發生的這場災難負責，於是下令小組裡的大部分人退回阿得萊德，由他、巴克斯特、威利和兩位原住民嚮導繼續。從數週走到數

月，這場遠征變成了求生練習。他們鑿洞找水，舐飲沙漠灌木叢的晨露。羊馬死了。補給拋了。偶爾，他們遇到部落原住民可憐這支悲慘隊伍，指點他們可去哪裡找水。就當情況似乎不再變糟時，某天晚上，那兩名嚮導搶走營地大部分的剩餘補給，殺了巴克斯特，逃入沙漠。艾爾身心交瘁。他和威利既沒食物也沒飲水。然而，這兩人還是在炙熱中徒勞地往前走，走向幾乎必然的死亡。幾天過去，他們湊巧看到一具腐爛中的馬匹屍體，在別無選擇的情況下，他們把死馬吃了——不出意外，那餐飯差點要了他們的命。在他們那場慘澹遠征將滿週年的某一天，就在他們快餓死的時候，他們看到一艘船隻停泊在海岸。這兩人連忙衝下懸崖，過沒多久，就發現自己登上了法國捕鯨船「密西西比號」。水手們雖然同情這兩個快餓死的人，但也只能給他們一點補給，隨即把他們送回那條徒然之路。

離開阿得萊德一年多後，這兩個羸弱的男人終於走到海濱小鎮奧爾伯尼（Albany）。他們徒步走了兩千五百公里，相當於倫敦到莫斯科的距離。這趟旅程教會了他們很多事情：如何在沙漠中找水，絕對不要吃腐敗的動物；他們當然也飽經鍛鍊，黑得發亮，然而，經歷過這一切苦難，澳洲內部到底是何模樣，依然是個謎。艾爾的遠征並未對該國遼闊的地形提供任何洞見。反諷的是，或許正是那座鹽湖，那座為艾爾遠征做出悲慘預告的鹽湖，讓他留下了名字，受人記憶。艾爾回到阿得萊德；筋疲力竭，枯瘦如鬼，再無一丁點繼續探險的渴望。

34°28'47"N   113°20'7"W

Nothing

NOTHING

Arizona, USA

無鎮是座鬼城，這似乎很合拍。在熱到炸裂的亞歷桑納沙漠裡，沿著孤獨的九十三號公路一路伸展，在拉斯維加斯和鳳凰城之間的某個地方，沙漠的熱與風，慢慢侵蝕著無鎮頹圮的結構物，將它們化為無形。想要描述這座城鎮，得用拍照的方法——像拍攝融化中的南極冰川那樣，捕捉連續流動裡的單一時刻，恆久衰敗中的一個過程。

在當下這一刻，一座沙白的加油站頑抗重力傾斜著，兩扇窗戶上，以黑色噴漆潦草塗寫著：「不准入內」。空無一物卻頂著諷刺大名的「全都有超市」（All-Mart），四周散置著各種裝飾性垃圾：沙發骨架，啤酒罐，花花內衣——似乎總是會神祕出現在這類場所的那類東西。最令人好奇的，或許是一度被稱為「無鎮岩石店」（Nothing Rock Shop）的混凝土地基，一種孤注一擲的嘗試，企圖將亞歷桑納沙漠少數可自由取得的資源，改造成吸引人的路邊紀念品（圖8）。無鎮的看板上有兩句宣言，第一句是這樣開始的：「『無』（鎮）的堅定公民對工作倫理滿懷希望、忠誠與信念。」然後，它毫無預警地來了個一百八十度虛無主義急轉彎，從現在式變成過去式，既違背前一句聲明，還加上一種無望的放棄感：「多年來，這些敬業的人民曾對『無』懷抱信心，為『無』滿懷希望，在『無』努力工作，為了『無』。」

美國沙漠；一個神奇的邊疆和奇幻的遊樂場，軍事黑科技在這裡測試，幽浮在這裡嗡飛，原子彈在這裡引爆，對社會感到幻滅的人也隱退到這裡，改造自我。無鎮是都市發展中一個不太可能的實驗。1977 年成立，是亞歷桑納最小的城鎮。1980 年代初，在它短暫的經濟泡沫時期，人口一度膨脹了四倍。在這裡，路過者可以停下來加油、買雜貨用品和礦石。除了偶爾經過的卡車司機、吸塵器推銷員和迷路的度假者，無鎮的冒險位置也吸引到專門經營某種特殊旅人的生意：遷徙的「雪鳥」（snowbird）──這個詞指的是，在冬季開著名為休旅車的游牧之家往南旅行的退休人士。佛羅里達是雪鳥最愛的目的地，但另外幾個氣候溫和的南部州也能看到休旅車季節城市的興起。就在無鎮南方一百二十英里處，可以目睹北美最大的雪鳥聚集地：這個巨大的奇觀，就是休旅車城市水晶鎮（Quartzsite）。千萬隻雪鳥在每年冬天形成一個退休人士社區──因為是臨時性的，所以顯得詭異──他們沒什麼共同點，除了厭惡寒冷天氣以及渴望和他們的休旅車游牧同伴待在一起。到了 1 月中，每天都會駛進約莫兩萬六千輛車子。至少有十七萬五千輛豪華車屋、改裝過的貨卡、校車和拖車，以相隔只有幾英寸的距離，擠在七十九座拖車公園裡，從城鎮兩邊向外溢出，長達七英里。到了夏末，水晶鎮變成沙漠裡的空曠停車場，由車屋、塑膠桌椅、陽傘和繃緊的皮革構成的無邊之海，在亞歷桑納的太陽下焦灼。

　　在水晶鎮，跳蚤市場是主要景點，一種交換和消費無用物品的繁榮經濟。有趣的是，市場裡的吸睛賣點並非鏈鋸雕刻、仿製的非洲藝術、粗毛地毯、主題風車或手工掃帚，而是岩石。1965 年，水晶鎮這座採礦城舉辦了「帕瓦岩石、寶石和礦物博覽會」（Pow Wow Rock, Gem & Mineral Show），堪稱今日美國最盛大的岩石年度展就此誕生。如今，每年大約有八個主要的岩石和礦物展在此舉行，外加無數的小販叫賣數不盡的地質文物。岩石這種既沒功能也沒價值的物件，以神祕的特質被引進

水晶鎮的市集。它們扮演了某種社會潤滑劑，買賣不是因為它們有價值，反而正是因為它們一「無」價值。

你可以說，做為名詞的「無」，不可能有任何功能，因為它不代表任何實物。然而，你也可以反駁說，「無」是一種概念，概念也是一種東西，無論多麼無形。你還可以說，我們與世界的關係是同等去體驗存在與缺席，而「無」這樣的字眼，就是用來描繪這種情況。

1958 年，藝術家伊夫·克萊因（Yves Klein）在巴黎的愛麗絲·克勒特藝廊（Iris Clert Gallery）舉辦了一次展覽，名為《空》（Le Vide）。開展前做了很大一波公關宣傳，意味著會有千百位狂熱巴黎人在街上排隊，抱著興奮期待的心情準備參加開幕晚會。為了提高展覽的神祕性，還請了兩位全副武裝的共和國衛隊站在藝廊的入口前方。當大門終於打開，民眾湧進藝廊後，讓他們大吃一驚的並非眼前看到的東西，而是沒看到的東西——整座藝廊空空如也。異乎尋常的是，這次活動空前成功。「這太瘋狂，」克萊因在開幕晚會上如此表示，「群眾擠得密密麻麻，根本無法動彈。」克萊因設想的藝術品並不是空藝廊，而是裡頭的空無——是無的存在本身。在這個藝廊空間裡，一切都被移除——所有被當成藝術品的物件表現，手工或技藝，或做為表演者的藝術家。徹底的缺席變成創作重點，這正是沒有藝術家的藝術的合理結果。

2 月下旬到 3 月上旬那幾個星期，水晶鎮的季節性居民忙著收拾營地和市場攤位，好讓一年一度的遷徙儀式重新上演。那些珍貴寶石，無論是買的、換的、找到的或別人給的，都被小心翼翼地放進休旅車，然後，就像排成一長列的白鳥那樣，他們一一起飛，穿越亞歷桑納沙漠，有些會經過曾經是無鎮的那些殘餘碎屑。2005 年，在無鎮荒廢許久之後，終於賣給一位豬農，他豎起一塊看板，保證「新無鎮即將來臨」。

CARTOGRAPHIES OF SPACE

SPACE

空間製圖學

在阿姆斯特丹，離我住的地方不遠，有一家亨德里克王子飯店（Hotel Prins Hendrik）。1988 年 5 月 13 日約莫凌晨三點十分，就是在這家飯店外面，發現查特・貝克（Chet Baker）的屍體橫臥在人行道上。有一段時間，貝克是現代爵士界最受稱道的樂手——他那縈繞難忘的小號，以及天鵝絨般的憂鬱嗓音，在世界各地的電波上流轉。他一直待在飯店房間，一個人，沉迷在已經成癮、毫無節制的海洛因與古柯鹼裡，當時人認為，他應該是把身子倚向窗外，倚得太過頭了。騎腳踏車經過飯店時，我偶爾會停下來，觀看遊客拍攝那塊銅製紀念牌，就鑲在飯店牆上，靠近他屍體被發現的地方。拿著自拍棒的情侶經常在紀念牌前彼此相擁，或斜睨著貝克墜落的那扇窗戶。時不時還可看到遊客躺在人行道上，假扮成吸毒爵士樂手的屍體。

飯店沒浪費什麼時間，很快就利用這起偶發的不幸牟利。發燒友級的貝克朝聖者，可以要求入住 210 號房——飯店將它命名為查特・貝克房。我知道，因為我也是其中之一。我想在 5 月 13 日入住 210 號房，但房間被一位更狂熱的貝克朝聖者捷足先登，我只好不情不願地訂了晚幾天的房間。那天晚上，我獨自坐在黑暗中，喝著啤酒，聽著 1954 年的經典專輯：《聽查特・貝克唱歌》（*Chet Baker Sings*）。城市的燈光穿過窗戶跳著舞，那一刻，我試著去體會貝克在 1988 年 5 月那晚的感受，但沒成功。那一晚的高潮在凌晨三點零九分到來。我打開窗戶，凝視下

方的人行道，灰色的水泥還溼著，因為下午的雨，此刻到處都是
菸屁股。「房間的牆壁在藍色中漸漸消失，」查特在黑暗的房間
唱著：「而我身陷在有妳的夢裡。」

　　我把房間鑰匙留在無人值守的櫃檯，走入夜晚的寂靜空氣
中。騎上腳踏車，穿越沉睡的城市回家，我感到滿足，因為我對
當代的神話建構做了小小貢獻，給一個未來的儀式場址添了香油
錢。當晨曦照亮房間時，我躺在床上，想著往後幾個世紀接替我
的朝聖者，他們年復一年回來，暫時沉浸在記憶延遲的痛苦裡，
尋找著從場所內部發散出來的些許不朽。

　　薄薄的一層銀霧，懸跨過蜿蜒道路，空調喀喀作響，有如裝
滿小石的滾筒烘乾機。雙手緊握過大的方向盤，專心盯著遠方。
這是一輛古老的別克旅行車，一度是金絲雀黃，但已經褪成了牙
垢色。它是陸地旅行黃金時代的殘餘物，是大美國公路旅行的招
牌象徵。我們在麻薩諸塞州的鱈魚角（Cape Cod），尋找愛德
華·霍普（Edward Hopper）1940 年《加油站》（Gas）畫作
裡的那座加油站（圖9）。

　　霍普，這位獨自旅行的招牌行家，曾花了好幾年在鱈魚角。
他在南楚羅（South Truro）一處安靜的海灘上蓋了一棟夏日度
假屋，以此為基地出去探險，尋找後現代性、移動性和居家生活
之間的寂寞交會。我花了好幾個晚上的時間，海搜部落格、文章

和谷歌地圖，想要找到那座加油站的位置。2010 年 4 月 4 日，《波士頓環球報》（Boston Globe）有篇文章宣稱，那座加油站位於楚羅南方某處的六號公路上。根據報導，它處於嚴重毀損狀態，且面臨拆除威脅，因為沒人對它尚有疑問的歷史價值感興趣。那篇報導已經發表了好幾年，於是我決定去鱈魚角做一次緊急朝聖。

「妳想來一趟公路旅行嗎？」我問 S，祭出可不時泡在海裡和新英格蘭的多汁龍蝦做為誘餌。

我們在六號公路的同一個路段來回巡搜，感覺過了好幾個小時，最後我們終於決定去問路。我們把車停到「白鯨記」餐廳（Moby Dick）空蕩蕩的停車場，走進裡頭。餐廳的每面牆上都掛著划槳、魚標、救生衣、錨、魚網和無數的海洋用具。S 看著櫃檯上的呼叫鈴時，正好有個女人從廚房現身。她綻放出無所不在的新英格蘭人微笑，身上的圍裙沾滿了魚內臟的味道。我們說明了遇到的窘境，她似乎很同情，但幫不上忙。另一個女人出現，我們又說明一次我們在找什麼。這位女士似乎知道哪裡可以找到那座虛幻加油站，並用紅筆在餐巾紙上畫了一張簡略地圖。道謝之後，我們保證等下會回來吃晚餐。帶著這項過時的科技武器，我開車，由 S 導航，S 把餐巾地圖朝不同方向轉來轉去，彷彿那是一只故障的指南針。

有段時間我曾想過，許多藝術家對加油站有一種奇怪又持久的執迷。比方艾德‧魯沙（Ed Ruscha）1963 年的經典攝影系列《二十六座加油站》（*Twentysix Gasoline Stations*）；這是第一本遭到國會圖書館拒絕的現代藝術家書籍，然而如今在亞馬遜網站上已經賣了好幾千本。或是安迪‧沃荷 1985 年的油畫《美孚加油站》（*Mobilgas*）。更近一點還有時尚攝影師大衛‧拉夏培爾（David LaChapelle）的幻覺系列《加油站》（*Gas Stations*）。當然，還有霍普，他是這個持久到有點奇怪的藝術迷因的開山祖師爺。

　　在霍普畫出《加油站》的 1940 年，汽車和加油站的數量正在增加，變成美國地景上的常見景物。個人的移動性不再是奢侈特權，而是一種普遍權利。《加油站》裡描繪的，是一座白色木造的小加油站，看起來更像是古樸農舍。黃色光線從敞開的門窗向外延伸，投向一排紅色的油機，以及後方的道路。白天時，加油站看起來大概溫馨如家，舒適宜人——但在深夜時分，它顯得格外詭異。它被一大塊漆黑、不祥的森林包圍著。漸淡的光線為場景營造出一種沉悶、無影的氛圍。來襲的夜色與蜿蜒的道路，暗示這是一個過渡場所，或一個踰越時刻。

　　我老覺得加油站令人心煩，這其實不無道理。它們是人造空間，不確定的材料和形式排列，懸在此地和彼處、真實與想像之間。或許正是這樣的質性，讓它們跟電影特別合拍。1974 年

的《德州電鋸殺人狂》（*Texas Chainsaw Massacre*）裡就有一座，取了一個非常貼切的名字，「最後機會加油站」（Last Chance Gas Station）——它至今還在，但名字改成了「我們屠殺燒烤店」（We Slaughter Barbecue）。或是希區考克的《鳥》（*The Birds*），裡頭那座古雅的 1950 年代海濱加油站，一位倒楣的顧客在那裡被一群瘋狂的海鷗啄死。最恐怖的例子，或許是1988年的荷蘭電影《逝影驚心》（*The Vanishing*）。在那部電影裡，年輕戀人雷克斯（Rex）和薩絲琪亞（Saskia）開車到法國度暑假，他們停在一座繁忙的法國高速公路加油站，薩絲琪亞走進去買啤酒，然後就消失得無影無蹤。雷克斯四處找她，一開始很瘋狂，後來變成一種執迷。尋找行動拖了好幾年，直到雷克斯終於和綁架薩絲琪亞的人碰面。結局讓人坐立難安。史丹利・庫柏力克（Stanley Kubrick）宣稱，這是他看過最恐怖的電影。

薩絲琪亞之所以會在加油站失蹤，當然不是巧合。就跟電影本身一樣，加油站也是存在於「無地方性」的世界（the world of placelessness）。它們都是陌異（uncanny）的島嶼，是不受地方或記憶束縛的場址。霍普或許是第一個將加油站引進藝術世界的人，而 S 和我，將會是加油站藝術的第一組朝聖者。

當我們接近餐巾紙上標了細紅X的地方時，我的心沉到谷

底。S 駛離馬路，開上從周圍森林開闢出來的一塊泥土地。我們下車，走進沒有影子的正午陽光，瞇著眼睛站著，雙臂交叉。這裡確實曾經是一個結構物；然而，它已經徹底投入崩壞大業，幾乎認不出來它曾經是一棟建築物。它的四面木牆和鐵皮屋頂，像爆掉的氣球屍體一般，乾癟零落。幾抹鮮綠裝飾著腐爛殘堆。

　　公路──一條汽車川流不息、閃亮漂浮的公路──的另一邊，是一棟施工中建築物的混凝土骨架，正處於從構思化為存在的過程。兩名黝黑的西裔男子，正從一輛貨卡車斗將長長的塑膠管卸下。我想到藝術家羅伯‧史密森（Robert Smithson），他把施工中的建築物稱為「逆向廢墟」。我倆一起倚著車頭，讓眼睛避開烤人的太陽。我們默默凝視著場面調度（mise-en-scène），試著──或許像雅典或羅馬的那些人一樣──推演出某個有意義的結論，關於時間的循環，或時間戰勝歷史，或如同史密森說的：「……一個被遺棄的未來場景的記憶痕跡」。

　　準備離開時，我留意到有棵樹上釘了一個廣告牌，上面寫著「售」，還附了電話。S 撥了那個號碼，在一連串的問題之後，對方告訴她，那個地點先前是一家披薩店，而且，對房屋仲介的知識而言，那不是我們要找的神祕加油站。我們朝車子走去，S立刻提醒我，我還沒實現海灘和新英格蘭肥美龍蝦的承諾，於是我們再次往南，朝楚羅駛去。也許，我默默忖度，有機會在今天結束前，瞥一眼霍普的海濱小屋。

我假裝不想去海灘，但其實那是我唯一想做的事。只不過如果我承認這點，那就意味著，這趟鱈魚角之旅不是嚴肅的研究行程，而是度假。我是挺想把我對度假和度假者的不屑，歸咎於某種高級知識分子的禁慾主義，但事實並非如此。如果我永遠不去度假，我就有可能擺脫無法承受的期待。人在度假的時候，對希望和期待落空總是無敵敏感，因為在這段最令人渴盼的日子裡，我們的預設，就是無休止的幸福。

　　我對度假失望的嚴重過敏，可能是源自於童年時代過度暴露於敏感原。我回想起那些滿心期待的家庭度假，那些短暫的夏日假期，一次又一次的失望，漸漸把我家的失望能耐擴充到一個新高，但不可置信的是，隔年竟然還能超越。現在我發現，哪怕是最輕微的失望暗示，我都沒有絲毫忍受力，就像只要碰到花生就會死掉的那種人，我會用最極端的預防措施來避免這種情況發生。對那些坐在霍普蒼涼汽車旅館和陰鬱小餐館裡的寂寞、沮喪與失望至極的旅人，我只想說，祕密就在於，把希望的興奮壓到最低最低；每一刻都要做好最糟糕的心理準備，並堅信，下一刻很可能會和上一刻一樣糟。如果能做到這點，我就會告訴他們，你們的假期會是一段值得回憶的美好經驗。

　　我們把車開進海灘旁邊的停車格。海洋是平坦的金屬灰，與鍍鋅的午後天空無縫融合。S 決定勇敢地來一場嚴寒衝浪，我不

為所動，水不清透，溫度也不適合浸泡，我脫下運動鞋，沿著水邊硬溼的沙子往南走。

　　當你穿越一塊沒有任何地標的地景時，會有一種奇怪的時空分離感。走了可能是一英里或五英里的距離後，我在起伏沙丘的上方留意到灰色的尖屋頂與白牆，根據我看過的照片，那很像霍普的夏日度假屋。我爬上長滿草的沙丘，謹慎地朝屋子靠近。房子裡面是暗的，等我確認裡頭沒人住後，我大步向前，貼著側門旁邊的一扇網紗小窗往內窺視。屋子是空的，不只沒人，而是什麼都沒有。午後的陽光穿過房子另一頭的窗戶流瀉進來，在跨越木頭地板的空無空間裡，照亮了一個金色長方形。霍普自己的房子，以一種詩意的循環扭轉，發展出它自身的霍普式無地方性。它不再擁有人的在場，而正是人的在場讓地方擁有地方性。地方（place）已經回復成空間（space）。

　　從窗戶往內看，我發現那個場景很像霍普最後的幾幅畫作之一：《空房裡的陽光》（Sun in an Empty Room）。在那幅油畫裡，陽光穿過一扇打開的窗戶射入房間的右側，斜灑過部分牆壁與地板。那是 1963 年畫的，離他去世只有四年。房間和畫作，如今看起來既像預言又似記憶。不同於霍普早期的作品，裡頭沒有複雜的立體透視場景，彷彿花了一輩子的時間，企圖闡述孤寂與空無的本質之後，他將這本質還原到最濃縮的形式。這是一個絕對缺席的場景。加拿大詩人馬克‧史川德（Mark Strand），

如此評論《空房裡的陽光》：「……一個沒有我們的世界，不僅是一個將我們排除的地方，而是一個將我們化為空無的地方。」

霍普最著名的一些畫作，有如把整部電影壓縮成一個畫面。我們可以從那個畫面闡述出故事、角色、敘事弧、怎麼開始以及怎麼結束。然而，《空房裡的陽光》是一幅沒有行動者或沒有敘事的影像。它是一個場景，在這個場景裡，時間被強力壓縮到連自己都抹除了。於是它比較不像電影，更像是某種由迷幻藥所撐持的超能覺知（hyperawareness），即便是平凡無奇的空間——一個空房間裡的陽光角落——也突然散發出自己非凡的美麗和存在。

我返回海灘，一直走到所有文明提示物都從視野中消失為止。躺在柔軟的白沙上，還可感受到午後陽光的溫暖，我凝視著冰河藍的蒼穹，第一批星子點綴著天空。海浪像不停轉動的唱片，以無盡連續的節奏滾動、摺疊、崩落。我那天第二次感受到，時間和空間本身也跟海浪一樣，摺疊然後崩落成持續進行的單一瞬間。

我回到停車場，發現S在車裡打盹。我打開車門坐進去，她一秒醒來。

「我餓了，」她說，一邊將椅背豎直。「你是迷路了還是怎麼了？」

我們開進楚羅。雖然那時時間還早，但這座小鎮看起來不只是鄉下，根本就是被遺棄了。燈光從空蕩蕩的商店灑向空蕩蕩的街道。我們沿著六號公路往北開，經過古樸、手繪的木頭招牌，推銷民宿、海景旅館和度假小屋，我以不吸睛、沒魅力、不好看等理由將它們一一剔除。（其實，我的言下之意是，我們住不起。）直到開到文明世界的邊緣，我看到遠方有一個閃爍的霓虹指標：防波堤汽車旅館—有線電視—空調—有空房。這就是我一直在等的那種住宿，一棟單層樓的原型汽車旅館，坐落在中央停車場附近。它是另一個時代的殘跡，那種似乎會散發出一股隱約、無法確認的暴力威脅的地方。我立刻表示，這間很迷人，很有電影風格。

我們走進汽車旅館過度照明的光霾大廳，留意到一位肉肉的女人坐在櫃檯後方，雙眼緊盯著一台閃爍的小電視，電視安裝在房間角落的牆壁上。

「嗨，」S 說：「我們想要一個房間，只住一晚。」

櫃檯小姐把眼睛從螢幕移開，看了下 S，又看了看我，再回到 S 身上。接著，她用深海潛水員的速度轉身，從木頭抽屜裡抽出一把鑰匙。在我們頭上，一只吊扇用最強的速度旋轉，彷彿它循環的不是空氣，而是濃稠的半透明液體。她讓鑰匙掉進 S 的手掌心。鑰匙上吊著一個迷你版的橘色救生衣。

「六號房，」她說，然後慢慢把目光轉回到電視上。「十點退房。」

我們找到房間，把行李袋丟到床上，那張床顯然已經用夠本了，接著我們走路出門尋找晚餐。在美國，我很高興能有機會在某個地方走走，對一個堅持到哪裡都要開車，即便完全沒必要這樣做的國家，這是一種小叛逆。我們走進路過的第一家餐廳，就這樣置身在「大辣燒烤吧」（Hot L Bar and Grille）。它之前的名字是「旅館燒烤吧」（Hotel Bar and Grille），年輕侍者帶位時一邊語帶驕傲地告訴我們，直到某一天，花俏的餐廳霓虹招牌上的「Hotel」，爆掉一個「e」，他們靈光一閃，沒去修那個爆了的燈管，直接改用這個修過的拼法。我們的座位臨著一扇大窗，剛好可以看到那個招牌奇觀。我們瞄了下菜單，點了兩份新英格蘭蒸龍蝦加薯條，一份馬鈴薯沙拉，還有兩杯餐廳特調的神祕雞尾酒。

低沉的鄉村音樂在餐廳流瀉。隔幾張桌子的地方，坐了一對中年男女，穿著情侶牛仔裝，他們是我倆之外的僅有客人。他們身軀下的木頭椅子顯得迷你而脆弱。他倆面對面坐著，正在爭論某件事。S 利用餐刀的反光將某樣東西從牙齒上剔除，對在餐廳裡展開的這場大戲毫不在意。「我不要再做了！」丈夫低聲抱怨，一臉暴躁地盯著自己的手掌心。「你說過，你會做的，克雷格，」女人低聲咆哮。「我們已經討論過**他媽的一百次了。**」

我們的侍者端了兩隻巨大的螢光橘龍蝦抵達，龍蝦剖成兩半，滲著甲殼類的鮮美汁液。S 瞪大眼睛盯著它們，像個窮人家小孩。我們不顧形象地大快朵頤，把每塊蝦肉沾滿亮晶晶的濃稠汁液。我們結了帳，挺著撐破的肚皮，在夜深人靜的深夜，痛苦地走回汽車旅館。

　　我們隔壁房的前院，坐著兩個男人，邊抽雪茄邊喝啤酒。他們倚在摺疊躺椅上，面向空曠的停車場，彷彿那是日落大海。來自他們房間窗戶的光線，從後方照亮他們，模糊了他們的臉，將長長的影子投進黑夜。

　　「晚安，」咕噥聲從黑暗中響起。

　　S 摸索著鑰匙，一副喝醉的模樣。等到門終於打開後，她搖搖晃晃地走進去，癱倒在床上。我站在玄關，摸索著牆上的電燈開關。

　　「跟我們喝杯啤酒吧，」另一個聲音傳來，語調中毫無熱情。我還來不及掰個藉口，其中一名男子就走進屋裡，拿了一張摺疊海灘椅出來。另一個男人把手伸進冰箱，拿出一罐米勒淡啤酒（Miller Lite），並以驚人的優雅姿勢，單手開罐，那是反覆幾千次才能練就的靈巧手藝。我接過溼啤酒罐，坐下來。我們三人坐著，凝視天鵝絨般的黑色夜晚。空氣靜止悶熱，帶著雪茄菸與腐敗海藻的濃重氣味。停車場中央，豎了一盞路燈，在下方人行道上照亮一個金色光圈。那一刻，感覺我們就像是劇場觀眾，

戲還沒開演，所以我們坐在那裡，靜靜啜著飲料，引頸期盼，凝望舞台。

「老天，我愛這地方，」聲音從我右邊傳來。「我來這裡有三十年了。」

「我懂，」我說，發自真心。

我想像自己未來三十年都坐在那裡，不再只是個客人，而成了恆久不變的汽車旅館景觀的一個古老成分。「我環遊世界好幾次了，」電影《日月無光》（Sans Soleil）裡有個無名的敘述者這樣說：「現在只有平凡無奇能吸引我。」在三十年不斷返回鱈魚角之後，這裡成了這些男人的度假地——這裡是他們理想的世界中心。在他們身旁，我先前於寂靜中感到的所有不適，瞬間消融。度假季節已經來到尾聲，汽車旅館幾乎全空。又或者，它一直都是這麼空。我低下頭，發現另一罐啤酒塞進我手裡，儘管第一罐幾乎還是滿的。即興湊集的飛蛾與飛蟲，有如一團幽靈體，繞著街燈的閃爍燈泡起舞。

我想起奧地利小說家約瑟夫·羅特（Joseph Roth），他描寫了二次大戰前夕住在歐洲不同飯店裡的生活。「我是個飯店公民，一個飯店愛國主義者，」他在 1929 年寫道：「其他人與他們的畫作、瓷器、銀器、小孩和藏書團聚時，可能會很開心，我也一樣，我很樂於和廉價壁紙、一塵不染的盥洗水壺和水盆、閃閃發亮的冷熱水龍頭，以及最明智的電話簿為伍。」羅特並未提

到那家飯店的名字，《飯店歲月》（*The Hotel Years*）的譯者表示，那大概是一個「綜合體或一場夢」，這句話，在那個當下，真是深得我心。

　　飯店和汽車旅館提供家的錯覺，同時保留無家可歸的感覺。這或可說是超現代性的「汽車旅館許諾」（motel promise）：即便待在家裡也像無家可歸。法國人類學家馬克・歐傑（Marc Augé）將汽車旅館、機場、加油站、超市之類的過渡空間，稱為「非地方」（non-places）。它們是通行和消費的空間，它們本身不是目的地，而是讓我們經過以便轉往其他地方的空間；是缺乏個人歷史或集體記憶的空間。在這類空間裡，我們採用「旅人」這個匿名的無身分。我們在一個異常熟悉的世界裡，變成了陌生人。在傑夫・代爾（Geoff Dyer）筆下，飯店大廳是「……從地方到非地方的通道」。藉由入住登記和交出你的身分證明，「……你變成這個非地方的臨時性居民，你變成非個人（non-person）……在飯店的領域內，你不再是某先生或某小姐。無論你是誰，你都只是某個房間的居住者。你沒有歷史」。

　　或許正是由於飯店和汽車旅館房間所具有的這種時空特質，讓它們成為生命中兩個主要過渡時刻的渠道：性愛與死亡。查特・貝克、美國演員約翰・貝魯西（John Belushi）、奧斯卡・王爾德（Oscar Wilde）、澳洲搖滾樂團主唱麥可・赫金斯（Michael Hutchence）、美國搖滾歌手珍妮絲・賈普林

（Janis Joplin）、可可・香奈兒（Coco Chanel）、華特・班雅明（Walter Benjamin）、約瑟夫・羅特，以及數不清的其他人，全都入住了飯店房間，但只從人生退房。

　　隔天早上，我們走進了一家路邊小吃店。這地方充斥著陶瓷餐盤的刺耳碰撞，以及高聲吼叫的談話。我記得前一天晚上我才跟 S 說，未來一個禮拜我絕對不會再吃東西。然而，我竟然聽到自己點了一份兩疊煎餅，嚇得我警報大作。S 坐在桌子對面，面無表情，戴著一副過大的太陽眼鏡，那是她在別克前座底下發現的，她對我的危難漠不關心。

　　「說真的，妳可以把墨鏡摘下來嗎？」我說：「妳把每個人都嚇跑了。」

　　女服務生端著我的煎餅過來，默默把清淡如水的溫涼咖啡倒進我們杯裡。她約莫五十好幾快六十，有一頭糾結的金髮，褪色的刺青貫穿她那條我想或許可說是**被拯救下來**的前臂。

　　「這城叫什麼名字？」我問女服務生。我知道答案，但我想聽她的聲音，當聲音傳來時，果然如我希望的，溫柔又春天。

　　S 搶了那盤煎餅，把盤子拖到她面前。

　　「你知道嗎？」她喃喃說著，聲音擠過一嘴食物：「據說，以前製圖師經常把虛構的城市畫進他們的地圖裡。」

　　「什麼，是惡作劇玩笑嗎？」

「才不是。它們是某種祕密浮水印，是要用來防止其他競爭者偷他們的設計。他們把這類城鎮稱為『紙上城鎮』（paper towns）。但它們不一定是城鎮啦，有時是街道或山脈或一些不存在的地標。」

「有意思。」

「我知道。不過，你聽聽這個：1930 年代，有兩位製圖家用兩人的名字弄了一個字謎，還虛構了一個城鎮，名為阿格洛（Agloe）。他們把這個虛構的地方放進他們畫的紐約州地圖裡，埋在其他真正的城鎮之間。接著，在地圖銷售好幾年之後，阿格洛竟然出現在對手公司製作的一張地圖上。」

「所以他們被逮到了，」我說，一邊收回我的早餐。

「嗯，其實事情的發展有點奇怪，這家競爭公司在法庭上說，事實上，阿格洛真的存在，而且他們可以證明。你看，在阿格洛的真實位置上，確實有一家阿格洛雜貨店（Agloe General Store）。所以他們是對的，阿格洛雜貨店證明阿格洛是一個真實存在的地方。」

「你是說，有人開了一家雜貨店，然後根據地圖上那個無人知曉的虛構城鎮命名？」

「沒錯。」

「呵，」我說，一邊鬆開褲子的鈕扣，舒緩預料中的肚皮壓力。「這就像是命名的動作戳破了想像與現實之間那層薄膜。」

「完全正確，」Ｓ說：「阿格洛就這樣在真實世界站穩了位置，就連那家雜貨店倒了，它也屹立不搖。直到 1990 年代，它都存在於地圖上。你甚至可以在最近的谷歌地圖裡找到它。我看過好幾次，但是某一天，它突然就從那裡消失了。」

　　「所以，妳是說，」我說：「這個虛構的城鎮變成一個真實的城鎮，然後又再次變成一個虛構的城鎮。」

　　「這就像是地圖並非世界的再現，而是用來創造世界的物件。我們以為，現實與再現是一條單向的溪流，但或許，在極少數的情況下，潮水掉了個頭，溪水又流回自身。」

　　「這就像地圖只是現實的幻影。」

　　「沒錯，」Ｓ說：「用神奇的手法把三維世界壓縮成了二維模樣。」

　　我們回到車上往南開。透過車窗，我看著川流而逝的加油站、破舊的汽車旅館和路邊小吃店、推銷預借貸款、二手車和蓋了一半的公寓街廓的招牌。它們沿著道路兩側，在霓虹燈下綻放訊息，一如生長在都市凋敝廢墟裡的有毒草花。

　　即便在這麼多年之後，也很容易看出，霍普為何會被吸引到鱈魚角。他看到一個其他人都看不見的美國，而現在，你不可能看到它而沒看見霍普。「躺正午滾燙太陽下的一條柏油路，」霍普寫道：「停在廢棄鐵路調車站裡的車廂和火車頭，為我們注入

絕望無聊的蒸騰夏雨，現代工業乏味枯燥的水泥牆面與鋼骨，仲夏街道與嗆綠的新割草皮，蒙塵的福特和鍍金的電影——所有悶熱俗豔的美國小鎮生活……我們郊區景觀的悲慘荒涼。」

萬一，就跟羅特珍愛的飯店一樣，霍普的加油站也不是一座加油站，而是很多加油站的綜合體或一場夢，該怎麼辦？畢竟，霍普的招牌特色就是無地方性。霍普的加油站不該存在於畫布之外，這似乎完全合理，甚至合乎正義。

S 突然一個急轉彎，開進一座紅白忙亂的美孚加油站。從外面看去，閃亮的水泥和壓克力結構，非常未來感與異世界。

「我可不認為是這座，」我用最反諷的聲音宣告。

「車子需要加油。我需要咖啡因。」

我們停在一輛超大的露營車旁邊，自行車、釣竿以及各式各樣的霓虹色浮標，像聖誕樹裝飾一樣掛滿露營車。在 S 加滿油箱時，我穿上運動鞋下了車。我繞著露營車的屁股走來走去，上面覆滿貼紙，宣告各式各樣支持軍隊和譴責歐巴馬的訊息。我在有冷暖空調的加油站內閒晃，穿過好幾排巧克力棒、引擎油和塑膠旗子，走向後方壯碩的冰淇淋冷凍櫃。

冷凍櫃上方，有一張麻省道路圖貼在牆上。在它貼在牆上遮掩汙漬之前，它開開摺摺過非常多次，已經在表面形成磨損的網格，有些地方還出現一些小孔。在我判定應該是加油站的位置，有一枚紅色大頭釘被壓戳到後方的泥灰牆裡。我在裡頭看到某種

鈍性暴力。

　　我付了汽油錢，外加兩杯咖啡、一包起司洋芋片，以及最後一刻拿起的現代版新英格蘭地圖。我回到車上時，S 正在掃選廣播電台。看到她沒跟我上演《逝影驚心》，我著實鬆了一口氣。

　　「接下來你要去哪裡？」她問，斜睨著午後的陽光。

　　「再衝一次海灘然後回家。」

　　「那霍普的加油站怎麼辦？」

　　「隨便囉，」我說：「我懷疑它是否曾存在過。可能真的存在過，但現在沒了。或真的還在，但不值得費力去找。不管哪一種，我都不在乎了。」

　　我打開那張新英格蘭地圖。它閃亮無垢，蓄滿著公路之旅的潛勢。

　　「對我來說，最重要的，就是持續前進的感覺。旅行的時候，你知道事物有多美，」我說，啜了一口我的咖啡。

　　「這話有點怪，」S 說。

　　「其實，我是引用霍普的話。」

　　看著那張地圖，我讀出不同小鎮的名字，一個接著一個。

　　「緬因州有個錯誤島（Mistake Island），」我說：「我們去那裡吧。」

　　「那**八成**是個紙上城市。」她笑了，伴隨著引擎發動的轟隆聲響。

我們開車回家時，我想著霍普的加油站，無論它在哪裡，假以時日，造訪該場址的未來朝聖者，將會用紀念牌將它標示出來。「這裡曾經矗立著愛德華·霍普經典名畫《加油站》裡的那座加油站。」他們會拍下那個場址的照片，不過就是一塊被雜草灌木掩蓋住的裸露沙地。他們會想像那座溫暖親切的白色結構物，以及那位矮小禿頭的加油站服務員。或許，有那麼一瞬間，他們將感受到，有一個充滿地方記憶的空間散現出來。

• 43°49'00"N   • 64°47'00"W

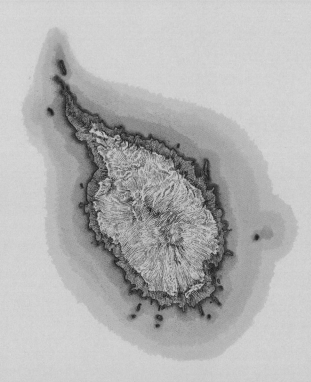

Little Hope Island

LITTLE HOPE ISLAND

Nova Scotia,
Canada

可能有人會誤以為「小希望島」是另一座島的小弟，或許它的較大版本就叫「希望島」，或是「大希望島」（Big Hope）。但事情並非如此。它是一個超低調的迷你島，比一堆石頭大不了多少，不用一分鐘就可以從這一岸走到另一岸，令人驚訝的是，這樣一座小島竟然擁有船隻殺手的惡名。1866 年，新斯科細亞政府終於受夠了，決定在島上蓋一座燈塔、一棟給燈塔看守人住的小房子，以及一間倉庫。這三個微型結構物把島嶼的所有表面全部擠滿，給了它一個宛如童話的奇異外貌。建築物落成沒多久，1873 年刊登在《加拿大畫報》（*Canadian Illustrated News*）上的一篇文章就這樣評論：「……不難想像，隨便來場薩克斯比（Saxby）潮汐，就能在它的造物者面前，把這座寂寞島嶼連同它的燈塔、燈塔看守人、他的妻子和其他一切，席捲一空」，他在後文中建議：「如此孤獨的燈塔看守人，應該得到豐厚的報酬。」〔譯注：1869 年大西洋颶風季十場風暴中最著名的第十號颶風薩克斯比風暴得名自英國皇家海軍軍官 S.M. 薩克斯比的預測，氣旋引起重大破壞和嚴重洪災，加拿大芬迪灣海潮達二十一點六公尺〕

燈塔看守人；或許沒有其他詞彙比它更能勾勒浪漫憂鬱的意象。我們看到一座砂岩峭壁或狂風橫掃的島嶼，上面有根孤零零的白色圓柱體，英勇地對抗著連綿不絕的海浪。它的銀色光束切過黑夜，宛如一把利刃，劃破黑色的天鵝絨布幕。燈塔裡頭坐著看守人。一支燭火的溫暖光芒，在他蓄了鬍子的臉龐舞動陰影。周遭只有簡單物件：一疊破舊書本，一瓶半空威士忌。他那滿布風霜的厚手掌，撫摸著一支木菸斗，那或許是他在無數個夜晚，用冬季暴風雨後沖上岸的漂流木雕刻而成的眾多菸斗之一。其他夜晚，他或許會就著一盞燈籠的光線，淺涉詩歌，儘管沒有人會看到這一幕。

人們普遍認為燈塔看守人是高深莫測的睿智隱士，這種印象可回溯到聖維內留斯（Saint Venerius），也稱為隱士維內留斯（圖10）。約莫西

元 600 年，維內留斯離開義大
利修道院，前往偏僻的提諾島
（Isle of Tino）追求更苦修的
生活，為他贏得燈塔看守人守護
神的尊稱。傳統上，維內留斯這
樣的宗教隱士，包括隱修士和隱修
女，都是在附屬於教堂或修道院的
小石室或僻靜所追求孤獨的存在。
十七世紀的某個時期，富有的英國貴
族流行用一名隱士來裝飾他們的花園。
這位隱士住在小木屋或小石洞裡，經常打
扮成德魯伊僧侶（druid）的模樣，滿足遊
人訪客的偷窺癖。他們不僅是異想花園裡的
一項特色，還再現了日後維多利亞時代最受稱頌的
情緒：憂鬱。布爾喬亞認為，展現出沉思狀態與莊重稟
性之人，是值得珍視的高貴者，他們要求隱士體現這點。隱士則
可得到食物、住處以及偶爾的每月小津貼，做為回報。他們奧祕的生活風
格以及偽宗教的關聯，給了他們一道神祕光環，經常有人向他們尋求靈性
上的指點。隨著燈塔在海岸線上日益普遍，它們也逐漸受到隱士歡迎，因
為燈塔可同時提供社會隔絕與自然親密。

　　在將近一百年的時間裡，有十一位孤獨男子以小希望島為家。其中最
著名的，或許是亞倫‧蘭吉爾（Alan Langille），他是 1927 年至 1945
年的燈塔看守人。一開始，他有家人陪同看守，但家人在與世隔絕的小島
上住了四年之後，拋下他重返文明。不過，蘭吉爾不是半途而廢的那種
人。他的周遭世界正在天翻地覆，但小希望島獨立於時間之外。世界大事
彷彿發生在遙遠的星球。林白隻身飛越大西洋，發現盤尼西林，股票市場
大崩盤，發現冥王星，科學家實驗核分裂，禁酒令結束，起司堡問世，戒

酒無名會（Alcoholics Anonymous）成立，德國入侵波蘭，法國發現石器時代的洞穴壁畫，日本偷襲珍珠港，諾曼第登陸，德國投降，美國在廣島和長崎投下兩顆原子彈，第一台電腦組裝完成，接著，在十八年後，蘭吉爾回到一個和他當初離開時截然不同的世界。

　　1945 年，小希望島的燈塔完成自動化，為將近一百年的燈塔看守人歲月畫下句點（圖11）。今日，燈塔遍布世界，但燈塔的真人看守員卻成了瀕危動物。每一年，製圖與導航技術的進步，都造成這些舊世界古蹟的消失。小希望島的燈塔在幾十年的荒廢中失修傾頹。2003 年 12 月，一次冬季大風暴過後，新斯科細亞的漁夫眺望大海，尋找那個不間斷的天際線，他們感到悲傷，不是因為他們看到的景象，而是沒看到的景象：小希望島的燈塔終於被席捲而去，消失不見。

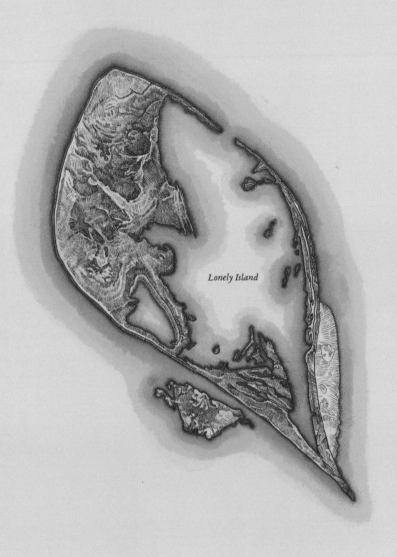

• 77°29'N   • 82°30'E

Lonely Island

LONELY ISLAND

Kara Sea,
Russia

「島嶼，」作家格雷姆・伯內特（D. Graham Burnett）在他的《論島嶼怪物》（On the Monstrosity of Islands）一書中寫道：「是一小塊不守信用、背棄了陸路世界的土地。這自然會讓人們擔心這些地形的可靠與信譽，因為它們顯然拒絕了地理上的團結。順著這些思路爬行的焦慮，某種程度上可以說明，為何在有關背叛、孤寂、瘋狂和絕望的大量文獻中，島嶼都顯得特別突出。」

　　在卡拉海中央，北極圈上方幾百英里的地方，有一座長年深凍的島嶼。一年裡的大多數時候，這塊冷凍小岩石都包裹在冰雪裡，還有上下波動的大塊浮冰，從四面八方將小島團團圍住，把大海連同小島轉變成一個死硬陸塊。刺骨的北極寒風撕裂表面，雕鑿出充滿敵意的冰凍景觀。在短暫夏日，當冰雪鬆開它的緊握怒爪時，可以看到飢餓的北極熊四處覓食。

　　1878 年，挪威探險家愛德華・霍姆・喬漢森（Edvard Holm Johannesen）發現這個孤立的岩石構造，並將它命名為「Ensomheden」：寂寞島。之後一直到 1915 年，才再次被挪威船艦「日蝕號」（Eklips）瞧見，「日蝕號」當時肩負一項不可能的任務，要去尋找失蹤的魯薩諾夫（Rusanov）探險隊，後者在兩年前出發，試圖穿越難以捉摸的北海航道（Northern Sea Route）──結果在卡拉海消失得無影無蹤。1920 年代初，有兩位蘇聯探險家也曾嘗試尋找寂寞島。不過，等他們抵達該島的所在地後，島卻無處可見。接下來幾年，寂寞島的下落依然成謎，甚至有傳言說，它只是一個魅影陸塊。

　　直到 1933 年，「車留斯金號」（Chelyuskin）的奧圖・施密特（Otto Schmidt），終於意外發現了這座幻影島嶼，當時他也一樣，正在努力想成為穿越北海航道的第一人──這次成功了。寂寞島被發現的位置，位於 1878 年喬漢森繪製的原始地點西北方十五英里處，它再次被命名，這次是用俄文，「Uyedineniya」：孤寂島（Solitude Island）。蘇聯人這次不會讓它溜走。隔年，他們在上面蓋了一個極地研究站，挑了一

群幸運的科學家和輔助人員住在基地裡：一名無線電技術員和操作員、一名醫生、一名木匠、數名氣象學家、一名水文學家、兩名機械師、一名航空技術員、一名廚師和一名僕人。

視野拉回到母國，當時，蘇聯文學的黃金時代正開始欣欣向榮。儘管有國家審查制度，那時代作家依然多產且充滿了實驗性；他們結合科學、探險、太空、哲學、倫理、烏托邦和反烏托邦等概念，運用遙遠星球、平行世界和虛構未來的寓言，悄悄顛覆和諷刺烏托邦社會主義的理想（圖12）。未來的島嶼並不存在於大洋，而是存在於太空。斯特魯加茨基兄弟（Arkady and Boris Strugatsky）1969 年的科幻小說《人煙之島》（*The Inhabited Island*），描述一位年輕天真的星際探險家馬克西姆‧卡莫勒（Maxim Kammerer），被困在當時人還不知曉的沙拉克什（Saraksh）星球上。他把自己想像成魯濱遜，因船難困在小島上，受到原始但親切的當地人歡迎。但事實並非如此迷人，他受困的熱帶島嶼，其實是一個極權國家，由名為「未知父親們」（Unknown Fathers）的匿名寡頭統治。這個骯髒的城市住了一群被剝奪權利的悲慘人民，政府透過可控制心智的祕密廣播對他們洗腦，讓他們效忠壓迫他們的政府。從斯特魯加茨基兄弟的字裡行間，不難看出濃濃的諷刺意味。

寂寞島的有限故事，遠比任何科幻小說更加荒涼。在一個特別漫長的深冬裡，島上酒吧的供應量少到令人不安，最後終於來到方圓數百英里內都找不到一滴酒精的時刻。想到未來幾個月都得保持清醒，那幾位氣象學家飽受折磨，在瘋狂的絕望狀態下，他們翻箱倒櫃，搜尋被遺忘的補給品，希望能挖到隨便什麼可醉人的液體。最後他們終於發現一只木桶，大大鬆了一口氣。那只木桶被無視了好幾年，散發出濃烈的混和氣味，他們像是快被烤乾、從非洲沙漠冒出來的迷路流浪者，以滿懷熱情，毫不猶豫地灌下那桶味道難聞的釀造酒。他們高聲歡唱、手舞足蹈地度過那個北極之夜。然而，隔天早上，那些人都死了。經過仔細檢查，一只褪色的標籤

洩漏殺手的身分，沒有別人，就是甲醇，以前似乎是被當成防凍劑。

　　1942 年 9 月的某個晚上，寂寞島遭到一艘德國潛艦轟炸，這是「仙境行動」（Operation Wunderland）的最後作業之一。當潛艦經過附近海域時，指揮官臨時決定炸死那七位沉睡在研究站裡的不幸科學家。他們被肆虐的砲彈驚醒，穿著睡衣從床上彈開，尖叫地跑進雪地，躲到防空洞裡。潛艦對破壞的程度感到滿意之後，繼續上路，返回基地。砲擊摧毀了四座雷達站、人員的寢室和豬圈。死亡數量是兩隻豬和一位駐軍。

　　沒人居住在寂寞島，至少再也沒有了。這裡的氣溫即便在夏天也很少高於零度，把氣候站當成西伯利亞長毛猛瑪一樣封藏起來。永遠不會過期的水蜜桃和火腿罐頭，在架上耐心等待。食堂的內牆漆上加州藍，還裝飾了熱帶棕櫚樹。列寧堅定而嚴肅的臉龐，擺出最為人知的側面，凝視著掛在木門旁的一張海報，木門上貼了「酒吧」的標籤。俄羅斯科學家偶爾會搭乘史前直升機飛來這裡，進行氣候實驗。他們就跟參觀古玩博物館的遊客一樣，漫步在荒涼的立體場景裡，好奇地盯著他們蘇聯祖先留下的文物；拍照，在成堆的廢棄物中翻找，搜尋紀念品，做為這趟回到過去之旅的證明。如果寂寞島不是真的，它也很適合寫成科幻小說，又或者，如同英國作家阿道斯‧赫胥黎（Aldous Huxley）說過的：「或許這世界是另一個星球的地獄。」

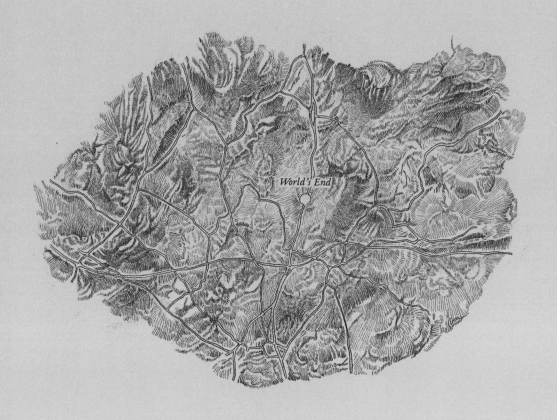

World's End

世界盡頭

倫敦，英格蘭

WORLD'S
END

London, England

詹姆士二世國土的世界似乎非常小，因為沿著國王路走到十七世紀的倫敦市郊，這樣一段悠閒的短程之旅，對他而言，就宛如走到世界盡頭，因為這名字就是他取的。隨著倫敦外圍日益靠近，田野逐漸消失在維多利亞風格的磚砌排屋、別墅以及工人小屋之下，這名字還是繼續沿用了好幾百年，直到 1960 年代末，它變成切爾西（Chelsea）的窮途末路，是嬉皮和社會流離者的故鄉。也是在那個時期，倫敦各地的維多利亞磚屋紛紛剷平，把空間讓給都市貧窮的現代象徵：高樓層社會住宅。1963 年，切爾西自治市議會（Chelsea Borough Council）提出一個構想，打算興建「世界盡頭集合住宅」（World's End Estate）。這個嶄新的高樓層社會住宅計畫，是 1960 年代至 1970 年代如雨後春筍般在倫敦四處興起的眾多案例之一，用意是希望以不顧一切的手段努力補足戰後倫敦嚴重的住宅短缺問題。

建築師的理想抱負，是要「為享受美好生活之人提供一個外郊區之夢」，這並不符合當時公眾對這類社會住宅計畫的灰暗看法。這項計畫當然與粗獷主義（brutalism）的建築趨勢相結合，這趨勢在當年不僅橫掃倫敦，更是席捲全球。當「世界盡頭集合住宅」在 1975 年落成時，它的七個街廓看起來更像是中世紀的要塞監獄，而非你能想像的「外郊區之夢」。然而，這並非巧合。當時的「防衛空間」（defensible space）建築理論，正是提倡用設計來回應在都市高密度住宅裡所流行的「反社會行為」攻擊。而世界盡頭集合住宅，就是當時在倫敦天際線上竄升的眾多新粗獷主義計畫之一，用玻璃、磚塊和混凝土等粗糙實用材料所蓋成的龐大板樓，一種都市版的城寨。「粗獷主義」一詞源自於法文的*béton brut*，意指「清水混凝土」，英國建築評論家雷納・班漢（Reyner Banham）引爆流行，用這個本土詞彙來代表這種大膽的新建築趨勢。在年輕焦躁的新一代建築師推動下，這種風格立志要撼動英國布爾喬亞社會的基礎。然而，它跟納粹要塞掩體的莫名相似性，加上社會主義東方的烏托邦意識形

態，並未讓保守的英國大眾迷失，他們就是厭惡粗獷主義的美學。如今，這種風格重新點燃了更年輕世代的情感，他們太過年輕，不會受到二次大戰與蘇聯威脅的創傷折磨。

在倫敦各地，依然可以看到多不勝數的粗獷主義建築。巴伏龍大樓（Balfron Tower）、亞歷山大路集合住宅（Alexandra Road Estate）、羅賓漢花園社區（Robin Hood Gardens）、巴比肯集合住宅（Barbican Estate），這只是其中一小部分。布魯內爾大學講座中心（The Brunel University Lecture Centre）在庫柏力克的電影《發條橘子》（A Clockwork Orange）裡大放異彩，更加強化了它的反烏托邦身分。其中最惡名昭彰的，或許是「特雷利克塔」（Trellick Tower），又名「恐怖塔」（The Tower of Terror）或「空中監獄」（Colditz in the Sky）。1972 年落成，由名字非常奇幻的匈牙利建築師爾諾・金手指（Ernö Goldfinger）設計，伊恩・佛萊明（Ian Fleming）曾把龐德故事裡的一名惡棍取了這個名字（激怒了許多沒幽默感的建築師）。隨機搶劫、電梯強暴、海洛因毒蟲攻擊孩童和自殺的故事，定期登上報紙。甚至謠傳，金手指對於自己給了這隻怪獸生命感到不安，內疚到從該棟建築的屋頂上跳下去。（其實，他只是搬走而已。）

「世界盡頭集合住宅」有別於眾多粗獷主義兄弟的地方在於，它的預鑄混凝土外表還貼了紅磚——一種企圖安撫的美學嘗試，但看在其他人眼中，則像是對它所取代的維多利亞紅磚屋的嘲諷。雖然這件集合住宅幾乎沒經歷過特雷利克塔那樣的破壞混亂，但它還是困陷在人們對於粗獷主義都市高層住宅的悲觀看法裡。

1975 年，倫敦作家巴拉德（J.G. Ballard）出版他的小說《高層建築》（High-Rise），內容描述一棟倫敦高層住宅慢慢轉變成反烏托邦的惡夢，大眾的想像力徹底被激發。該書追溯了該棟大樓的社會崩潰，住在裡頭的兩千位中上階級居民從瑣碎的爭吵，退化到血腥戰爭、部落野蠻、人吃人和自我毀滅。巴拉德撰寫該書的靈感，在他四周隨處可見。除了倫敦無所不在的粗獷主義模型之外，還有一連串有關都市生活和人口密度的擾人實驗正在進行。1960 年代，動物行為學家約翰·卡爾宏（John Calhoun）在馬里蘭州普勒斯維爾（Poolesville）的美國國家心理衛生研究院（National Institute of Mental Health），打造了一系列實驗性的「老鼠城市」（圖13）。他將這些城市稱為「宇宙」（Universes）。其中最惡名昭彰的，或許是「宇宙二十五號」，一個邊長二點五公尺的正方形下沉式空間，四周用高牆圍住，讓老鼠無法逃脫。裡頭放了兩百五十六個築巢箱，每個可容納十五隻老鼠居住。宇宙城提供所需的一切——大量的淡水、食物以及築巢材料。這是一個老鼠烏托邦。第一天，他們放入四對老鼠，等老鼠熟悉新家之後，就開始繁殖。結果數量暴增，每五十五天就增加一倍。在「宇宙二十五號」短暫的黃金歲月裡，該城的居民和諧共存，欣欣向榮。但隨著數量達到高峰，空間日益匱乏，卡爾宏也觀察到令人不安的行為。小老鼠受到忽視。雄鼠變得好鬥且性慾亢奮。活老鼠開始吃死老鼠。

卡爾宏把一群雄鼠稱為「美麗的人」（The Beautiful Ones），牠們過著與世隔絕的生活，完全活在以自我為中心的愉悅裡，只負責吃飯、睡

覺和打扮，對性與暴力都沒興趣，但除了牠們之外，「宇宙二十五號」從烏托邦天堂墜入反烏托邦地獄。到了第五百六十天，老鼠的數量來到兩千兩百隻的最高峰。自此之後，懷孕的情況很少發生，存活下來的幼鼠更是等於零。「宇宙二十五號」迅速滅絕。只要一點點想像力，就可看出「宇宙二十五號」和都市居住環境的相似之處。卡爾宏本人還刻意將老鼠的居處取名為「塔樓街廓」和「無電梯公寓」，藉此強化這種關聯。在 1960年代的大眾想像裡，人們害怕人口過多將導致食物短缺、全球混亂，擔心人類的滅絕就迫在眉睫。

　　雖然我們或許真的處於人類滅絕的過程當中，關於這點，有許多人討論過，證據四處可見，但倫敦的粗獷主義住宅，一直被視為一種不太可能的混凝土文藝復興。一份新報告宣稱特雷利克塔「很恐怖，但現在很時髦」，甚至在 1998 年列入二級建物（超越特殊利益的重要建築）名單。「這是一棟環境建築，不是提供給人類，而是提供給人類的缺席，」巴拉德在《高層建築》裡寫道。也許這句話也可用來形容我們居住的世界。

Isle of the Dead

 • 43°08'57"S • 147°52'03"E

死之島

塔斯馬尼亞，
澳洲

ISLE OF THE DEAD

Tasmania, Australia

1880 年至 1886 年，有六年的時間，瑞士藝術家阿諾德・伯克林（Arnold Böcklin）在他的佛羅倫斯工作室畫了一系列的五件作品，每件都是描繪同一座夢魘島嶼。白色的石頭峭壁筆直深入暴雨將至的黑暗天空。島嶼有著馬蹄的形狀，海灣的開口朝向觀眾，露出一個個鑿入岩壁深處的墓穴。島嶼的心臟位置，長出一小片高到不可思議的絲柏樹林，它們的深色葉片構成帶有不祥氣味的單一量體，填滿畫布的正中央。一艘小木船滑行過平靜海水朝海灣駛去，我們看不到划槳男子的臉。他的乘客裹著白衣，站在一具棺材上頭。漸漸消失的太陽，照亮黑海上的島嶼。

這五件作品畫的都是同一座島，但略有差異。感覺像是伯克林被一個反覆的夢境糾纏著——每幅畫都企圖把逃離他甦醒腦袋的精確細節固定下來——而他藉由一而再、再而三地重建同樣的場景，或許可讓自己從它的符咒中解脫。他給這五幅畫取了相同的名字：《死之島》（Isle of the Dead）（圖14）。

伯克林不知道的是，在夢裡糾纏他的那座島嶼，就位於世界的另一頭。這個事實已經夠怪異了，而真實的死之島，當初又是在夢魘般的情況下誕生，讓事情顯得更加撲朔。

1788 年至 1868 年間，由於倫敦監獄人滿為患，促使官方將大約十六萬兩千名犯人，送往分散在澳大利亞這塊新國土上的各個刑事殖民地。你可能會因為「從池塘或湖裡偷捉魚」、「偷取地下根莖、樹木或植物」、「祕密結婚」或甚至謎樣的「冒充埃及人」這類犯行，遭到流放。甚至只是無家可歸，也可能被送到澳洲。刑事殖民地全都以嚴厲殘酷聞名，但沒有比亞瑟港（Port Arthur）更可怕的。亞瑟港是在 1830 年由伐木站改造成監獄，位於偏僻的范迪門之地（Van Diemen's Land）——今日的塔斯馬尼亞——非常適合那些需要進一步懲罰的不良罪犯。亞瑟港的刑事

系統，採用由英國哲學家暨社會理論家邊沁（Jeremy Bentham）擘劃的「隔離監獄類型學」（Separate Prison Typology）早期版本（圖15）。「隔離監獄」代表了從標準懲罰——例如公開鞭打——轉向手法更細緻的心理懲罰。邊沁問道：「問題不是他們能解釋嗎，也不是他們能談論嗎——而是他們能承受嗎？」邊沁堅信，身體的懲罰只會讓犯人更強悍，心理的懲罰則可從內在瓦解他們。

那些倒楣的不幸者抵達亞瑟港海岸後，會在隔離監獄裡單獨監禁一整年。保持監獄安靜，邊沁開立的這項處方，得到嚴格執行。每個人都關在用厚石牆打造的單人囚室裡——聲音無法穿透。犯人一律禁止講話，獄卒穿著毛氈拖鞋巡邏，用手語溝通。每天有一小時，犯人獲准單獨戴上帽兜到庭院放風。每個禮拜有一天，他們可在獄卒引領下戴著帽兜進入特別設計的禮拜堂，裡頭的長椅都用牆面圍住。蓋在監獄旁邊的精神病院，讓許多犯人深感不安。心理上的恐怖取代了身體上的暴力。伯克林在他的《死之島》裡，也做了類似的轉換。和其他陰森的恐怖畫作不同，例如阿爾泰米西婭·真蒂萊斯基（Artemisia Gentileschi）1614 年的《朱蒂絲斬殺赫羅佛尼斯》（Judith Slaying Holofernes），或哥雅（Goya）1819 年的駭人傑作《農神吞噬其子》（Saturn Devouring His Son）——在這件作品裡，一個可怕的怪物正使盡全力將一名小孩的四肢咬撕下來，就是我們在吃特別硬韌的長棍三明治時會使出的那種力量。伯克林在《死之島》裡引發的恐懼，是希區考克式的幽微恐怖；它會潛伏在你的大腦深處，等你進入危險的睡眠時，才又重新浮現，糾纏你。那幅畫「……寂靜到」，伯克林自己指出，「只要一個敲門聲就足以嚇死你。」

令人驚訝的是，在嶄新開明的囚犯制約與刑罰改革系統的發展史上，隔離監獄竟為自己贏得先驅的美名。這套寂靜系統的懲罰，是在黑暗、無聲與孤寂的協助下，讓心智自我對抗，藉以營造出一個黑夜恐懼的環境，

既內在又永恆──一個惡夢可以自由肆虐，把心智逼瘋到無法逆轉的地方。

那些在隔離監獄關了一年重見天日的人，一如預期地飽受創傷，發瘋癲狂。除了謀殺和溺死之外，還有很多人死於痢疾和壞血症之類的疾病。有些人企圖逃脫，其他人則把謀殺──會被處死的罪刑──當成擺脫孤寂牢獄生活的手段。死者的屍體用船划越一英里長的海灣，送到死之島，丟入島上四處可見的墳墓裡，墳墓沒有任何標示，就是一個土堆。

死之島上的唯一居民是掘墓者，他住在一棟小木屋裡。第一位掘墓者是個安靜的愛爾蘭囚犯，名叫巴倫（Barron），他在島上獨居二十年後去世。當他的屍體迅速從木屋移到泥坑之後，另一名犯人取代了他的職務，他叫馬克‧傑佛瑞（Mark Jeffrey），他發現自掘墳墓很令人欣慰，每天深情地照料它。不幸的是，傑佛瑞從未享用自己珍愛的墳墓。他在島上的停留突然結束，某天早上，亞瑟港的衛兵

被一枚信號彈召喚到島上。衛兵抵達時，發現傑佛瑞陷入恐慌狀態。他說那天晚上，他的小屋被一股看不見的力量劇烈搖動，接著，「撒旦陛下」就來探訪他了。傑佛瑞拒絕在島上多待任何一晚。

1870 年代，作家喬治·格倫塞爾（George Gruncell）造訪過那座監獄好幾次，後來他在日記中追述了親眼目睹的一場葬禮。他描述一具棺材從教堂運上小木船，由一位穿白衣的船員駕駛。「先是穿越海灣抵達死之島。水很平靜，西沉的太陽朝死之島射出一縷光線，照亮島上一隅，與後方遠山黑暗背景形成強烈反差……船隻在一塊石磯上登陸，在掘墓人的指揮下，排成一列隊伍往前走，直到我們抵達上一批罪犯被埋葬的地點。」

ATLAS OF MELANCHOLY

憂鬱地圖集

「高貴只見於對存在的否定，只見於掃視滅絕地景的一抹微笑。」
　　　——蕭沆（E.M. Cioran），《解體概要》（*A Short History of Decay*）

　　幾年前，在一個舒爽的秋日午後，我置身於波士頓美術館（Boston's Museum of Fine Arts）。那是個星期日，美術館的人數爆滿到極限。它八成是讓退休人士免費入場，因為每個人看起來都跟藝術品一樣，古老而脆弱。我猛然意識到，年輕力壯的，大概都在城市另一頭的**當代**美術館裡。用各種輔具撐直的年邁身軀，構成一條緩慢移動、無法航行的河流，在不同的展廳之間痛苦蜿蜒。空氣中瀰漫著麝香和陳年汗水的氣味，以及，一如美國小說家蒂蒂安（Didion）所說的：「……一種我們從過去就一直期待渴望的寂靜」。想要來趟有意義的藝術體驗，似乎越來越不可能。

　　金色陽光跌落在灰色石牆的蒙塵圓柱上，牆上掛著古代神話的油畫，營造出一種更近似歐洲大教堂勝於美術館的氛圍。這裡有一種心照不宣的默契——是美術館和宗教祈禱場所特有的——魯莽的大笑或毫無節制地展現熱情，都是有罪的，都會招來其他參觀者和警衛的白眼，他們會用混和了懷疑和無聊的精神持續研究你，把這當成擾亂神聖氣氛的懲罰。你可能會認為，後啟蒙時代藝術與宗教的徹底分離，可能也會讓人們對藝術有截然不同的體驗方式，但事實不然。幾年前，我在泰德現代美術館（Tate

Modern）看到杜象（Duchamp）的《噴泉》（*Fountain*）時，發現自己竟然跟其他每個人一樣，靜靜地對著那只陶瓷小便斗沉思，彷彿它是某個古老的宗教文物。我們沉浸在這個神祕物件發散出來的靈光當中，一如一群流浪漢就著油桶裡的火光取暖。看起來像是我們的宗教虔誠已經機制化了，致使我們會自動自發地在美術館表現出我們在教堂裡有的沉鬱和省思，彷彿藝術和宗教的啟蒙條件，都需要對人類的情緒施行同樣嚴格的壓抑。

這個構思到一半的想法，被來自隔壁展廳的淒厲哭聲打斷了。我費盡力氣穿過那些滿布皺紋的身軀，希望能找到某個人深深沉浸在藝術體驗裡的模樣。在一幅跟牆面一樣大、描繪拿破崙騎白馬的畫作前方，一位肥碩臃腫、穿著羊毛休閒褲的男子，把身體整個對摺，奮力從肺部將淡黃色的膿痰咳到手帕裡。失望又疲憊的我，努力想尋找一張有空位的長椅，但長椅在這裡非常短缺，像是不受歡迎似的。無可奈何的我，只好排在一群聽著語音導覽的年長婦人後方。她們圍擠在一張大幅油畫四周，油畫沐浴在精心校正過的光線之下。那場景，很像葬禮上的一群弔唁者，一次一個，邁步向前，致上敬意，同時欣賞著禮儀師讓死者復活的精湛技藝。

婦人往前走後，換我趨近那幅畫。《逐出伊甸園》（*Expulsion from the Garden of Eden*），湯瑪斯・柯爾（Thomas Cole），1828 年（圖16）。畫面右側，以所有常見的天堂輝煌描繪伊甸

園：天鵝在蓊鬱的綠色森林裡沐浴，小鹿在燦爛的晨光中嬉戲。畫面左側的伊甸園外，則是截然相反的狂風暴雨。死亡、暴力和破壞的證據，俯拾皆是。遠方，迸發的火山將火與灰燼噴進陰森的天空。風暴肆虐的森林殘骸間，一匹咆哮之狼將一隻飢餓禿鷹從一具鹿的屍體上趕走。伊甸園外的世界幾乎是單色的，彷彿所有的色彩連同生命本身，都從畫布上流失。然後，在畫面的左下角，是亞當和夏娃，兩個赤身裸體的微小人物，徐徐走向頹圮的地景。夏娃走在前面。她顯然急欲遠離神的暴怒，以既罪惡又羞恥的姿態低垂著頭顱。她緊緊抓著亞當的手，落後幾步的亞當，回頭凝望著輝煌四射的神光，迷惑委屈地拍著自己的額頭，彷彿在說：「真的假的，這是在搞什麼？」他像個喝醉的派對常客，覺得伊甸園俱樂部懲罰他們永久驅離，肯定是不公平的。他們投身的世界，那個伊甸園以外的世界，何止是狂野原始未經馴服，根本就是不折不扣的末日景象。那就好比神將我們的祖先驅逐到遙遠的未來，人類已經在那個未來裡生活，耗盡了所有自然資源，把大氣層灌滿了二氧化碳，然後滅絕了——而現在殘留的一切就是一個星球臨死前的最後掙扎。我心想，我們人類就是這樣出場的。兩個悲傷的人，走進一個甚至更悲傷的世界（圖17）。

讓我大失所望的是，禮品店裡竟然沒有把那張畫製成明信片販售。「沒有，先生，」收銀員說，甚至沒從電腦上抬起頭：

「我們也沒有用那幅畫製作磁鐵、馬克杯或雪球。」我在駛離波士頓的車上，被一個更深層的啟示嚇到，為什麼我們人類，生活在如此繁榮的時代，還會受到一種莫名憂鬱的折磨。因為我們並不是以凱旋的姿態大步走出伊甸園——以熱燙燙的號外，宣告我們要振興一個輝煌新世界。剛好相反，我們是嗚嗚咽咽地偷偷離開，沉醉在鄉愁裡，這種鄉愁的效力，強到足以永遠改變後代的基因組成。

　　羅伯特‧伯頓（Robert Burton）早在十七世紀初撰寫《憂鬱的解剖》（*The Anatomy of Melancholy*）時，就提出過這種想法。「這個高貴的生物沉淪了……變成最可悲的生物之一。他的改變有多大；以前是快樂且受到祝福，現在是悲慘且受到詛咒……受制於死亡、各式各樣的體弱多病和形形色色的災難。」我是在唸藝術學校第一年的時候，有次在一家二手書店偶然看到一本《憂鬱的解剖》。這本書的厚重量體，壓過架上的其他所有書籍，當我把書拿下來減輕書架的負擔時，可以聽到它發出一聲低吟。書封上是一顆人類的骷髏頭和一只沙漏：死亡與時間的原型象徵，這兩者擺在一起，意味著人生苦短，轉瞬即死——憂鬱的本質。雖然我從未聽過伯頓這號人物，但那偽科學的書名和磨損變形的書脊使我著迷，加上——其實我沒有真的打算讀這本書——想到它以巨作之姿存在於我的書架上，跟還沒讀的德勒茲

（Deleuze）、傅柯（Foucault）、史賓諾莎（Spinoza）和拉岡（Lacan）比鄰並排，更令我忍不住誘惑。

回到家後，我發現這本書擺在我的床鋪旁邊更有功效。在偶爾有女性進入我房間的時候，這本書因為它的巨大量體形成了一股引力，將所有東西和生命朝它拉去，連帶把女性吸引到我床上。有時，我會把那本厚重的書籍翻開，隨機閱讀。「他增加智慧，只是增加悲哀。」「只有憂鬱能克服憂鬱。」「如果你不喜歡我寫的，去讀點別的。」我無法肯定，伯頓的古老智慧對我的一夜情有什麼幫助，但光是《憂鬱的解剖》存在於我的生活中，就有助於我把未經世故──而且天真無知──的自我觀念，建構成一個當代浪漫主義者。憂鬱，就跟自甘貧窮、鐵鏽衣櫥、後現代髮型和輕微酗酒一樣，是當時任何一位有前途藝術系學生的標準配備，現在大概也還是。

中間這些年，我有時間跟這本書混得熟一點，雖然不表示我真的讀過。《憂鬱的解剖》初版於 1621 年，是伯頓的代表作，後來的版本擴增到一千四百頁。它是用引文、軼事、觀察、清單、藥方、連篇累牘的拉丁詩歌，以及雜亂無章的題外話密織而成的羊毛掛毯，這些元素時而閃現洞見，但更常是幽默風趣。或許是書名令人沮喪，於是伯頓用非比尋常的嬉戲態度處理它。比方在導言裡，他假裝成某個「小德謨克利圖斯」（Democritus Junior）（古希臘發笑哲學家〔Laughing Philosopher〕的傳

人），劈頭就說：「我書寫憂鬱，藉由忙碌免於憂鬱。」那就好比他在說，**我是為了我自己寫的，但你喜歡的話，就跟來吧。**伯頓經常偏離學術反思，去沉吟一些胡亂跑進他腦袋裡的想法，例如魔鬼是不是也會拉屎，然後再為自己這類飄忽的念頭向讀者道歉。

做為一個主題，憂鬱拒絕歸類，躲避簡單的定義，並堅決抗拒哲學與科學的戳探長達好幾百年。它美麗、複雜又矛盾。憂鬱一詞的字面意思是黑膽汁，源自於希臘文：melas（黑）加上 chole（膽汁）。從古希臘到啟蒙時代，人們認為身體是由四種體液所組成，包括黃膽汁、黑膽汁、黏液和血液。體液平衡，人保健康；體液失衡，疾病纏身。當時人認為，憂鬱是體內黑膽汁過剩造成的。

1621 年，在伯頓撰寫《憂鬱的解剖》的時候，西方世界正處於激烈變革的風口浪尖。啟蒙運動就在拐角，即將來臨，這本書中的想法，已經在陳舊的宗教概念與早期的解剖科學之間取得脆弱的平衡。然而，將亞當與夏娃偷吃禁果的淘氣行為，單純歸咎於人類血管裡面流動著過剩的黑膽汁，這點並無法說服伯頓。於是在這本書的其他部分，他進行了一項奇怪的任務，想要找出憂鬱的根源，從一張幾乎無止境的清單中揪出罪人，清單的範圍包括賭博、野心、過度學習、嫉妒、貧窮、浪漫、惡靈、魔鬼、

魔術師和占星術，以及變老等等。他宣稱愛是罪魁禍首，花了一整章的篇幅討論愛的折磨，單是這種折磨，隨隨便便就能寫成一本書。「愛是瘟疫，是酷刑，是地獄，」他寫道：「……西班牙宗教裁判所根本無法和它相提並論。」為了消除任何可能的歧義，他進一步宣稱：「我該說，戀人的生活是滿滿的憤怒、焦慮、恐懼、悲傷、抱怨、嘆息、懷疑和計較……是滿滿的沉默和討厭的孤獨嗎？」

他堅稱，食物跟愛很像，問題很大，最好避免。他以某種伯頓飲食法（類似嚴格苦修的空氣飲食法、甘藍菜湯飲食法或香菸飲食法）為那些苦於憂鬱之人提供有益的建議，以猶疑的語氣討論了可以放進嘴裡的一切食物，再將它們全數排除。伯頓非常看重「人如其食」的觀念。食物不僅會引發憂鬱，它的成分便**含有**憂鬱。

這項暗示至關緊要：伯頓暗示，憂鬱是外於人體的；它自身就是一個實體，一個有行動力的有機體。正是因為這樣，憂鬱才如此有趣，如此獨特，有別於它的同義親戚——它有能力超越人體，棲居在整個世界。「王國和省分是憂鬱的，城市、家庭、所有生靈、植物、感性的、理性的——所有種類、派別、年齡、狀況，全都失調，」伯頓寫道。拜浪漫主義者和後來的波特萊爾（Baudelaire）、魏爾倫（Verlaine）、洛特雷阿蒙（Lautréamont）這類悶悶不樂的被咒詩人（poètes maudits）

之賜，憂鬱將在美與天才的世界贏得優勢。到了二十一世紀，許多人逐漸認為抑鬱（depression）就是憂鬱的當代同義詞，完全無視於讓它脫穎而出的美學、反思和創意特質。蘇珊‧桑塔格（Susan Sontag）寫道：「抑鬱是憂鬱減去它的魅力」；艾倫‧狄波頓（Alain de Botton）堅稱，憂鬱「不是一種需要治療的症狀」。雨果（Victor Hugo）在《海上勞工》（*Toilers of the Sea*）中表示，「憂鬱是一種微明狀態，苦難在其中融化，變成一種陰翳之喜。憂鬱是感到悲傷的歡愉。」

　　憂鬱被織進世界的紋理，但必須透過覺察的行為才能使它活化。它需要被誘發、揭露、追求才能存在，它濃縮在蘇格蘭的地景、查特‧貝克的小號、華茲華斯（Wordsworth）的詩作、荷蘭畫家彼得‧克雷茲（Pieter Claesz）的靜物畫、伊斯坦堡的空蕩街道等待被發現；濃縮在流離失所者的雙眼；濃縮在晚秋的色彩；濃縮在清晨的雨水與日落的光線。然而，每一款憂鬱都是獨一無二，與眾不同，以無盡的方式展現自我，超越形狀與形式、時間與空間。

　　古往今來，有些手藝人是老練的行咒師，精於定住難以捉摸的憂鬱。俄國導演安德烈‧塔可夫斯基（Andrei Tarkovsky）就是其中之一。他製作的每部電影的每個場景，都捕捉到浸滿了

鄉愁、回憶與頹敗的風景，它們合併在電影院的銀幕上，於觀眾間誘發出一股超級憂鬱。他的藝術精髓，集中在1979年至1984年間拍攝的一系列拍立得照片。如果你能想像時光倒流，回到冗餘科技的新潮救世主開始使用拍立得之前，那麼裡頭確實有個值得注目的東西。那些拍立得照片被編纂成書，取名為《一瞬之光》（*Instant Light*，繁中版書名《Instant Light 塔可夫斯基拍立得攝影集》）。這個書名具有雙重意涵：一是拍立得攝影的魔力，二是光的轉瞬即逝——一種昭然若揭的塔可夫斯基之光。光線是憂鬱的經典管道之一，特別是鄉愁懷舊的憂鬱，意識到每時每刻都存在著無可挽回的疏異。這些攝影的內容，大多沒什麼特別：擱在早餐桌上一只插了花的玻璃瓶，坐在迷霧田野中的一隻狗，一條空蕩蕩的城市街道。但這是畫錯重點。塔可夫斯基是在敦促我們越過素材，將攝影視為抗議，抗議回憶的徒勞，以及戮力嘗試的荒謬之美。拍立得除了能瞬間將世界染上懷舊色彩之外，令它憂鬱的，是它的短暫性。底片上的每張攝影，都是獨一無二的物件，它拒絕現代性對無限複製的衝動，並因而不朽。

我對舊貨店的憂鬱情有獨鍾。最棒的一些舊貨店——換句話說，最悲慘的一些——宛如灰塵覆蓋的洞穴陵墓，神祕難解的時光膠囊，充滿了絕望終點站的特有氣味。流亡之痛隱藏在每個物件裡，一種與故土分離的憂鬱鄉愁。然而，這些物件頑固地往前

進，抵抗自身遭到遺棄的詛咒。在舊貨店裡，我不是消費者，而是人類學家，研究每個遺物，追溯它們的鬼祟過往。這張舊扶手椅上有著身體凹陷形狀的那個地方，還殘留著何種印記？這件男士羊毛晚禮服呢？如果你靠近，你可吸到濃濃的菸草味（「美國精神天然菸草」〔Natural American Spirit〕？），混和了廉價古龍水與陳年汗水。在舊貨店裡，我們不是購物者而是薩滿巫師：我們有權力讓被定罪者起死回生。

我發現老照片特別充滿了羅蘭・巴特（Roland Barthes）所謂的「……攝影本身的憂鬱」。在舊貨店裡，經常可以看到古老的塑膠底片相機，裡頭還有半捲已經曝光的底片，偶爾甚至有一整捲。舊貨店中某部相機裡的未沖洗底片，意味著過去遭到胡亂遺棄。或許是因為死亡介入，造成底片來不及沖洗，也或許是它們包含的記憶太過痛苦，無法在相紙上復活。每次碰到這類發現，我都會偷偷把底片從沒有生命的相機身體裡抽出來，送到我家附近的藥妝店沖洗。偶爾，我會把那些光面照片掛在我的冰箱上，彷彿那是我自己的記憶，來自可能的未來，或我不復記憶的過去。

「死亡是攝影的**本質**，」羅蘭・巴特寫道，暗示我們在舊照片裡看到的那些人，已經死而復活。但死而復活的，不僅是被捕捉在相片裡的人，還有紙張照片本身。它們是一個過時世界的文物——類比攝影的世界。捕捉下來的影像，是一個重要時刻，一

個被影像拍攝者認為比其他所有時刻更**重大**的時刻。一張照片是對記憶不足與容易犯錯的抵抗，一本相簿則是一系列小抗議的集合，抗議即將來臨的遺忘浪潮。但是，當記憶迷失或遭拒，它就會在世上漂流；它的功能充其量就只是一個謎，代表一個迷失在時間裡的被遺忘的時刻。美國攝影師蓋瑞・溫諾格蘭（Garry Winogrand）說過，他拍照是為了找出某樣東西被拍下後是什麼模樣，但或許我們拍照，是為了找出某樣東西被當成未來的記憶是什麼模樣。

經過這些年的舊貨店考古，我累積了好幾百張舊照片，這些被丟棄的過去碎片，藏身在書頁之間、外套口袋、偶爾卡在被丟棄的相簿背面苟活著。我在其他人的生活殘骸裡發現這些照片時總是會把它們偷走，無恥地讓它們滑進我的口袋，直到抵達我臥室的安全位置，那裡有一只舊鞋盒，它們加入其中，那是迷失與流離記憶的避難所。

前陣子，我在一本古舊的圖書館書籍的背面，意外發現一張照片。那是一座墓園的黑白影像。外表看來跟其他墓園沒兩樣。灰色的墓碑從深暗的高松下浮現。前景處有一小段矮柵欄，約莫是圍著一座墳。然而古怪的是，這座墳向外噴出一道濃濃白煙。它似乎盤旋在空中，彷彿不太確定應該往哪裡走。在墓園的背景下，這團煙雲更像是某種亡靈。「森特勒利亞（Centralia），」照片的圖說讀來痛切：「一座垂死之城」。這圖說幾乎無法解釋

這張影像的神祕之處，但它成功激起了我的好奇心。巧的是，隔沒多久，我正好要和一位友人從克里夫蘭開車去紐約，這趟路程會直接穿過美國的鐵鏽帶。我堅持要在森特勒利亞短暫停留。

1962 年，這座賓州煤礦小鎮在國際上聲名大噪，該鎮在當地一處掩埋場焚燒垃圾時，竟然引燃了一條地下煤層。他們想盡辦法試圖滅火，但都失敗，火勢有如一條長長的保險絲，在地底下從容不迫朝城鎮擴散。跟沒有昭告、突然就在某天現身的龍捲風、颶風或其他災難不同，這把地下之火花了二十年才抵達森特勒利亞，宛如用龜背傳送的一場毀滅。

到了 1984 年，小鎮四處開始出現自發性的坑洞，冒出一柱柱致命氣體。疏散令宣布後，小鎮兩千七百位居民幾乎全部打包，搬遷到周遭地區。「這是一個人類無法居住的世界，」大衛・德克克（David DeKok）在 1986 年如此描述森特勒利亞：「比水星還熱，大氣跟土星一樣毒。在火勢中心，溫度隨便就超過華氏一千度。」在車上時，我們想像著等在前方那個熾烈地獄裡的各種奇幻場景；柯爾《逐出伊甸園》的真實世界版。

那天傍晚，我們抵達谷歌地圖上標示的該鎮所在地。但我們沒看到任何指標，宣告我們到了森特勒利亞。這裡完全不像水星或土星之類的。相反的，迎接我們的，是由樹木和糾結灌木叢所組成的蓊鬱森林。在那條過去八成是主街的路上，沿途有一些無名的小巷以九十度角向外岔開。我們放慢速度，駛進其中一條巷

子，停好，下車。濃密的綠色樹冠替我們擋住 6 月的暑熱，出奇涼爽。這裡沒有頹圮的廢墟，甚至沒有美國鐵鏽帶標準的後工業遺跡。這裡也沒有任何跡象透露出，在我們腳下有一座沸騰地獄。除了郊區街道閃閃發光的黑色柏油和生鏽的警告標誌，人類存在的所有痕跡，都從地景上切除得乾乾淨淨。

我們離開車子，靜靜地漫步在身為園藝遺痕的橡樹之下，感覺置身在一座巨大公園，只是裡頭錯誤地蓋了一系列寬廣的郊區街道。最初的失望，隨即被一種全方位的怪異陰森給取代。稍微花點努力，就可認出三十年前房屋所在的地塊。美國小鎮的標準配樂——鳥類、昆蟲、汽車、割草機和吠犬——被沉重的寂靜所取代，讓人更加感覺到，有某個超越物質的東西也從地景上消失了。在此刻這個名為森特勒利亞的負空間裡，住了一種遲滯的意識和錯置的渴望，很像某人離開了房間，但他們的存在感還盤桓了一些時日。森特勒利亞似乎還不夠格當個鬼鎮，因為它連可用來編故事的廢墟——鬼鎮裡的**鎮**——都沒有。這裡是一個遙遠的未來，甚至連人類歷史的最後殘留，都從記憶的地景上消失了。我們靜靜走到街巷尾端，那裡仔細堆放著骯髒的床墊和汽車輪胎，還有一台孤零零的冰箱躺在地上——彷彿是隔壁城鎮的居民，為了阻止地下惡魔所留下的祭品。

我們繼續走，遇到一段廢棄的賓州六十一號公路，我後來得知，這段路跟高速公路的其他部分截開了，因為高溫造成路面翹

曲，修理的費用太過高昂，無法負擔。因為四周杳無人煙，我們沿著道路中央大步前進，道路一直延伸到山腳，超出視線之外。路面升升降降，像調皮的起伏波浪，上面有許多鮮豔的塗鴉訊息。在某些地方，柏油膨脹了好幾英尺，宛如潰爛發膿的青春痘，散發出刺鼻的腐敗氣味，令我想起地下巴士站。我記得佛洛伊德在《哀悼與憂鬱》（*Mourning and Melancholia*）中寫道：「……憂鬱行為症候群有如開放性傷口」，他認為哀傷在這方面和憂鬱不同，哀悼者追求寬慰紓解，憂鬱者擁抱痛苦綿延。如果那時我有帶噴漆在身上，我應該會把這些字句噴在路上，陪同其他毫無意義的千萬訊息。

走到這裡天幾乎黑了，回去開車時，我們留意到，有個女人朝我們的方向走來。看到有人在美國市中心和商店街以外的地方行走，總會讓人隱隱震驚。她穿了一件過大的男性商務襯衫，襯衫遠看是花朵圖案，但她走近之後，那些花朵變成由食物與汗漬交疊而成的拼貼畫。她用一種笨拙的步態走著，或許是因為她穿的不是外出鞋，而是毛茸茸的粉紅色拖鞋，這把我嚇到了，這裡超出了它們的舒適區。深藍色的眼睛從厚厚一層不對稱的妝容下瞪著我們。一根軟掉的香菸在她下唇搖搖欲墜。她在我們前方數英尺處停下，深吸了一大口菸，讓菸頭熾紅了起來。

「這裡沒什麼可看的，男孩們。」這些字眼在一團灰煙中滾落，從飽受時間與一氧化碳蹂躪的喉嚨噴出，一如我們腳下的悶

燒礦脈。這項聲明懸在我們三人之間具體化的灰色幽靈裡──它就像剛剛抵達這個場景裡的第四人，我們盯著它，直到它消散。「是的，夫人，」我的美國朋友回答，我則是維持尷尬的沉默，凝視著我們之間如今空了的那個位置。我不敢肯定她那句話究竟是一種被動式攻擊，對著每個人說出顯而易見的事，或是一種發自內心的震驚──即便事隔三十年，她依然不敢相信，她的城鎮已經消失得無影無蹤。

我們在沉默中，把車開回八十號高速公路，它將帶我們前往紐約。來此途中，曾經填滿車內的興奮期待，此刻煙消雲散，留下巨大的空洞，注滿身為投機旅人的羞愧感與罪惡感。我想著那名女子，在一個不復存在的小鎮的空蕩街道上，無休止地徘徊。我想著一個小鎮，不是毀於外力，而是毀於自身的輕率魯莽──它是當前世道的一則抽象寓言。我想著在森特勒利亞地下約莫三百英尺處燃燒的火焰，一把將繼續燃燒到人類世的火焰。隨著遠方的紐約光芒照亮地平線，我想像，當那把火終於熄滅後，世界將是什麼模樣，會不會，剛好就是森特勒利亞的模樣。

回到波士頓後，我又去了一次美術館，又付了一次敲詐人的二十三美元門票。（我謊稱自己是學生，得到兩美元折扣，一般全票是二十五美元，我給自己找了一個正當藉口：現在的我比學生時代還窮。）這次，美術館幾乎是空的，除了一班青少女，她

們兩兩一組，盤腿坐著，速寫彼此的抽象肖像。我大步走過每個房間，用我平常保留給超市的匆忙速度，最後抵達《逐出伊甸園》，隨即做出沉思的姿勢。

　　我突然想到：為什麼柯爾要讓畫面從右讀到左？難道它是在暗示，即便在人類歷史的神話開端，我們就已經倒退著朝向毀滅？還有，為什麼世界初創的模樣，看起來那麼像世界末日？也許那是同一件事：時間不是線性的，而是循環的——這幅畫描繪的，是唱片上那個讓指針在毀滅與重生之間無限迴轉的刮痕。

　　我盡可能貼近畫作，直到我與畫布之間只隔著一英寸的美術館空氣。亞當回望著無法復返的伊甸園過往的那一瞥，帶給我濃濃的鄉愁感。另一個念頭閃過我腦海：難道最早的人類就是第一批難民？那些絕望的姿勢，不就是屬於流離失所者，屬於被故鄉放逐，受到詛咒要在世上永遠流浪的人？或許柯爾是想要我們把伊甸園視為前現代，一個幼稚天真、清白無辜的時代。也許亞當和夏娃就是現在的我們，對失落的天堂懷抱著憂鬱鄉愁——赤身流浪，迷失在一個處於末日的世界，邁向歷史學家喬治・威廉森（George Williamson）所謂的「生活在時間午後場的憂鬱」。

　　浪漫主義的憂鬱或許是抒情的，但在後現代，憂鬱也有了演化——在古老的森林和暴風雨的天空裡找不到它，要去都市頹敗的蒼涼孤立中尋找。我想像著，如果柯爾活在今日，擁抱的不是浪漫主義的傷感而是後現代主義的反諷，那麼被逐出伊甸園的亞

當和夏娃，可能會被流放到一個有著無限塞車、巨大購物中心和遺棄城鎮的世界，連廢墟的浪漫都被剝奪殆盡。

　　我離開美術館，穿過馬路，走進公園。燦爛的午後陽光灑在翡翠綠的樹冠上，形成錯綜複雜的陰影拼貼，在我腳下跳舞。和美術館不同，公園活力盎然；慢跑者與自行車騎士輕鬆自如地繞著我流動，彷彿我是河裡的一顆石頭。過了一座小橋後，我來到運動場，一身萊卡的女性圍成一圈正在健身。我坐在長椅上，花了很久的時間，看她們表演一種不斷重複的神祕運動儀式。這一刻，我覺得自己很像法國導演克里斯・馬克（Chris Marker）電影《堤》（La Jetée）裡的無名男主角——一名男子在時間旅行中回到過去，原本是要改寫一個注定的未來，沒想到他竟然愛上一名女子和一個注定毀滅的世界。他宛如鬼魂，不是來自過去，而是來自未來，他被一個因為失落之美而虹光四射的世界給征服了。那名男子和女子一起在自然史博物館覆滿灰塵的遺骸中漫步，接著走進一座巴黎公園，坐在午後柔和光線下的一張長椅上。她閉上雙眼，他環顧四周，帶著淡淡微笑，審視著已經毀滅的地景。

　　黑暗漸籠，緩慢到幾乎無法察覺。遠方，在剛好足以辨識音色的距離外，一隻小號發出溫柔哀鳴。我從袋子裡拿出法蘭西斯・福山（Francis Fukuyama）的《歷史之終結與最後一人》

（*The End of History and the Last Man*），那是我前幾個禮拜買的，但還沒打開。我翻到最後一頁，期待找到一個快速終結歷史的毀滅者。「歷史的終結將是一段非常悲傷的時代，」福山寫道：「在後歷史時期，沒有藝術也沒有哲學，只有人類史博物館的恆久照料。我可以在自身感受到，也能在周遭他人身上看到，對歷史依然存在的那個時代的強烈鄉愁。」這三行文字，結合了博物館的殘跡、秋日的氣息和淡去的日光，成功誘發出一種美妙醉人的鄉愁式憂鬱。

　　當我穿越燈火通明的夜色走回家的時候，我想起了納博科夫（Nabokov），他曾指出，如果能在心態上讓自己及時超前，現在就會變成未來的記憶。這小小的調整，就能將「現在」從尋常轉變成過時，給一段無法挽回地遺失在過去的時光，塗上記憶的色彩，一種深美的色調。

36°47'52.98"N
115°56'2.98"W

Doom Town

DOOM TOWN

Nevada, USA

歡迎來到死命鎮：內華達沙漠心臟地帶的美國夢。1954 年，民防宣傳影片《面對現實》（Let's Face It），形容這個神奇的地方是「以鋼鐵、石頭、磚塊和泥漿，以精準和技藝」打造而成，「彷彿可以屹立千年。但它是個怪誕的奇幻城市。完全就是科幻小說的產物。在地表上獨一無二。整齊、乾淨、設備齊全的住家，永遠不會有人進駐。巨大的鋼骨橋梁，跨越空曠沙漠。鐵軌無處可通，因為這裡就是鐵路終點」。

1955 年 5 月 5 日凌晨五點十分，一枚二十九公噸的原子彈（轟炸廣島那枚的兩倍大），將這座歡樂小鎮從地表上抹除。對民防局而言，它是「蘋果二號測試基地」（Apple II Test Site）；在樂觀者眼中，它是「倖存鎮」（Survival Town）；至於其他所有人，將它視為「死命鎮」，它被設計與興建的目的只有一個：被摧毀。爆炸只是眾多作業之一，小鎮在這些作業裡被建造，摧毀，重建，再摧毀，宛如尼采「永恆回歸」（eternal recurrence）的惡夢版。它是典

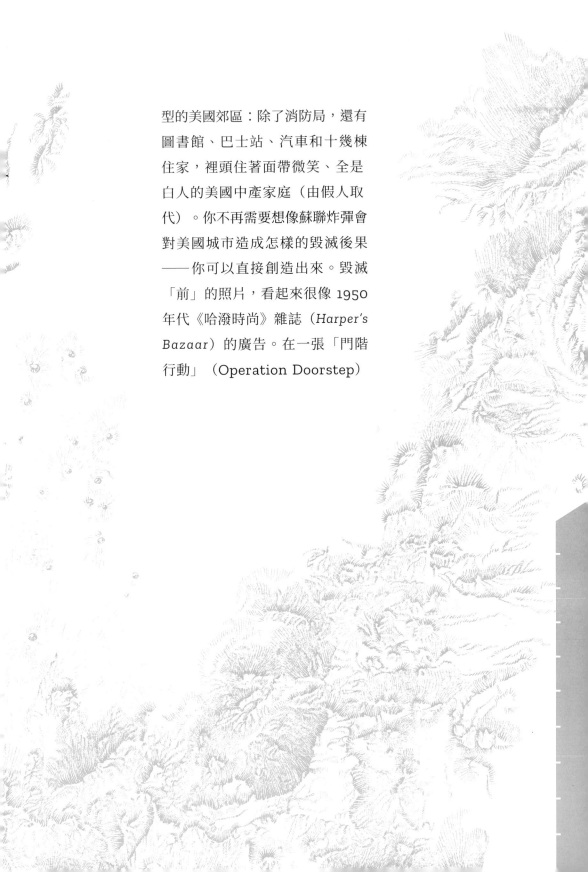

型的美國郊區：除了消防局，還有圖書館、巴士站、汽車和十幾棟住家，裡頭住著面帶微笑、全是白人的美國中產家庭（由假人取代）。你不再需要想像蘇聯炸彈會對美國城市造成怎樣的毀滅後果——你可以直接創造出來。毀滅「前」的照片，看起來很像 1950 年代《哈潑時尚》雜誌（*Harper's Bazaar*）的廣告。在一張「門階行動」（Operation Doorstep）

的黑白照片裡，我們看到兩對衣著時髦的年輕夫婦，輕鬆圍坐在餐桌旁。看起來他們正準備用餐，白色瓷盤與玻璃裝飾器皿，整齊地擺放在光滑的木頭桌面上。在另一張「毀滅前」的照片中，我們看到另一棟房子，一家人在燈火明亮的大客廳裡放鬆。一張花卉圖案的長沙發上，一名帥氣的中年男子懶躺著。對面是一個曬成古銅色、穿著同樣服飾的男人，坐在椅子前沿，頭略略靠向一邊，像是在聆聽沙發上的男人討論糟糕的經濟狀態。他們四周，有小小孩在玩耍。男子左邊，是位纖細迷人的女子，坐在圓形的皮腳凳上。她穿著優雅的晚禮服。也許他們正準備外出用餐。當其中一人從她身後的窗戶向外望時，虛構破滅──他看到的不是用白色柵欄圍起的翠綠草坪，而是荒涼的沙漠地景，一望無際，延伸到萬里無雲的內華達天際。那十幾棟房子裡的每一棟，都精心安排了類似的居家場景：無憂無慮的小孩被哄上床，典型的家庭主婦正在準備晚餐，驕傲的父親讀著晚報。其中最令人不安的，或許是民防科學家使用的手法，他們任意擺放假人的位置，藉此複製日常生活中的純真時刻，彷彿在說，這樣的事情可以在**任何時刻**發生。

「毀滅後」的照片兌現得異常徹底。晚餐派對看起來像是被一幫瘋狂的斧頭殺手給砸了──塑膠四肢散落在木頭與玻璃碎片之間。有個男人似乎毫髮無傷，直到你發現，光線從他腦袋上一個個錢幣大小的孔洞散射出來，彷彿那是個裝飾用的燈罩。驚人的是，上述第二棟房子的客廳，只受到些微破壞。咖啡桌翻了，窗邊的女人像喝醉酒似的往後倒，玻璃碎片和塑膠殘肢散落地板。小孩神祕地消失，男人還坐在他的椅子上，完全沒有移動──彷彿沒察覺到威力遍及全鎮的核子爆炸，他依然盯著空間中不確定的某一點，陷入沉思。

當然，我們真正想看的，是發生在「毀滅前」與「毀滅後」之間，那個稍縱即逝的時刻，在那一瞬間，實體世界永久覆滅。拜定格攝影之賜，我們可以如願。1953 年的《門階行動》影片，實現了我們最狂野的毀滅

狂想（圖18）。「接著還是第一棟房子倒塌的情形，這次是以定格方式呈現，」旁白用相當驕傲的口氣如此宣告。我們看到令人目眩的光線，照亮宛如月球表面的沙漠，一棟白色木屋在畫面中央顯露出來。它在黑煙中自燃。片刻平靜之後，一道看不見的海嘯將房子撕碎，有如孩童將千百枚細小的蒲公英白色種子吹入空中。「記住，」旁白以肅穆的語調總結：「你在這裡看到的詳細過程，是發生在二又三分之一秒的時間裡。」張力十足的希區考克式配樂，讓一切變得更加懸疑。

我們應該要感謝艾德沃德・麥布里奇（Eadweard Muybridge），定格攝影的發明人，至少有部分拜他之賜，我們才能享有這樣的觀影經驗。他是個科學家、創新家和藝術家；是時間本身的外科醫生，是標本剝製師，捕捉動作，供人解剖和研究。1878 年，麥布里奇的著名馬匹朝未來疾馳，在那個未來裡，攝影將快速演變成電影。我們也將發現，到了下一個世紀，觀看原子彈炸毀一棟房子，就像在注視一場對毀滅所做的解剖驗屍，以它所有的緩慢、榮耀和無可否認的美。

1951 年至 1992 年間，這座內華達測試基地至少試爆了九百二十八枚原子彈。1950 年代，這類測試甚至變成廣受歡迎的觀光盛事。位於內華達測試基地東南方六十五英里外的拉斯維加斯，很快就利用它的優勢位置大發其財。被封為「原子城」的拉斯維加斯商業部，設計了行事曆和宣傳小冊，大肆廣告試爆時間與最佳觀賞地點（圖19）。飯店賭場舉辦「黎明轟炸派對」，賓客啜飲著「原子彈雞尾酒」，通宵跳舞，直到他們自己的原子彈煙火秀照亮清晨的天空。對於大多數無法親眼目睹耀眼奇觀的民眾，則有經常性的現場直播，將測試過程傳送到全國各地的家戶客廳。

雖然宣傳影片試圖說服大眾，人類有可能躲過核爆攻擊倖存下來，但大眾卻在無意間發現了見證自我毀滅的反常樂趣，而且是以電影手法製作

並傳送到舒適的家中。既然品嘗過這種前所未知的樂趣，我們自然是不會把這隻毀滅精靈放回瓶子裡。不僅如此，它還演化成價值五千億美元的產業，也就是我們今日所知的好萊塢。就是在這裡，在電影裡，一堆這樣的陌生新城市，建構了各種世界，且定期遭到毀滅，我們就在日益殘酷的啟示錄場景中，以劇場方式演練我們自身的自我毀滅。

死命鎮是虛構的郊區，對於未來的焦慮在上頭投射、倒帶、重播、重建，然後再次摧毀。麥布里奇最初的定格攝影是回顧式的未來願景，他向我們展示，如何讓不可見變可見。美國作家雷貝嘉・索爾尼（Rebecca Solnit）這樣形容麥布里奇：「他是將秒分裂的那個男人，秒分裂就跟核分裂一樣重大且影響深遠。」

死命鎮 內華達州，美國

Apocalypse Peaks

APOCALYPSE PEAKS

Antarctica

1958 年夏天，一群來自紐西蘭維多利亞威靈頓大學（Victoria University of Wellington）地質系的學生和教職員，正在進行一年一度的南極研究之旅，當他們繞著維多利亞地（Victoria Land）突出的露頭航行時，觀察到四座參差不齊的山峰，倚襯在蒼涼的南極天空上。地質系學生以非凡的靈活想像力指出，這四座山峰不像別的，簡直就是「啟示錄」裡的四騎士。於是他們將這四座尚未命名的山峰，取名為「末日啟示峰」。

雖然當代經常用這個詞彙來描述世界末日滾滾而來的無盡災難，但末日啟示一度只是用來指稱宗教事件。這個詞彙源自於希臘文，意指「揭示」或「揭露」，且直接指向聖經「啟示錄」（Book of Revelation）或「約翰啟示錄」（Apocalypse of John）。根據大多數基督徒的看法，聖經啟示錄是上帝用一連串事件對世界末日所做的預言。首先，是由「羔羊」打開的七個書卷——每個書卷都將揭開一個令人沮喪的人類（懺悔的基督徒除外）未來。前四個封印揭開後，依序釋放出啟示錄四騎士：白馬載來征服者，紅馬載來戰爭，黑馬載來饑荒，灰馬（淡綠馬）載來死亡。第五封印揭開，看到殉道者的靈魂，他們大聲呼喊主，主很快就會「伸他們流血的冤」。第六封印揭開時，「……天就挪移，好像書卷被捲起來；山嶺海島都被挪移離開本位」。第七封印帶來約莫半小時的「天上寂靜」，接著來了七位天使，每位都帶著一支號角。不過，這不是音樂演奏。當每位天使吹響號角時，就有一系列災難降臨世界。包括（未依特定順序）一陣亂下的雹與火；由跟馬匹一樣大、長了人臉和女人頭髮的蝗蟲帶來的為期五個月的瘟疫；一顆名為「茵蔯」的星星從天空墜落；一座火燒山被扔到海上，殺死了所有海中活物，將海變成血；毀滅性的地震；最後，飽受折磨卻依然互毆的人類，有三分之一遭到滅絕。爆多的鮮血、傷口與怪獸，讓「啟示錄」帶有 1980 年代 B 級恐怖片的歡樂。妙的是，雖然人們認為「啟示錄」是約翰的作品，但沒有哪位學者可以確認約翰是誰。彷彿那些滑稽殘暴的內容，需要一個虛構的筆名做為掩飾，以免透露

出作者的真實身分。

然而，今日有數百萬民眾抱著既期待又怕受傷害的心情，等待著聖經式的啟示錄。根據 2012 年路透社進行的一次國際民調，發現全世界有將近一成五的民眾相信世界會在他們活著的時候終結。其中又以美國人最高，二成二；英國人墊底，只有百分之八。

只要人類居住在這世界，他們就會預期世界滅亡。已知最古老的末日預測，可回溯到西元前 2800 年。我們在亞述的石碑上發現這樣的刻文：「我們的地球近來已退化；有徵象顯示，世界正快速走向終點；賄賂腐敗四處可見；子女不再遵從父母；每個人都想要寫一本書，世界末日顯然正在逼近。」

1499 年，備受尊崇的日耳曼數學家暨占星家約翰尼斯・施特夫勒（Johannes Stöffler）預測，1524 年 2 月 20 日，會有一場聖經級的洪水淹沒地球，屆時所有已知的星球都將在代表水的雙魚座下對齊。數百種宣告世界末日的小冊子四處發放，引發普遍恐慌。在一本自救自保的小冊子裡，一位日耳曼貴族——馮・伊格海姆伯爵（Count von Iggleheim）——打造了一艘三層樓的豪華方舟。算總帳那天，氣候有些陰沉。當光雨開始落下，歇斯底里的群眾在馮・伊格海姆方舟上爭搶位子，導致數百人被殺，馮・伊格海姆伯爵遭亂石砸死。

基於各種明顯的理由，對基督徒而言，1666 是特別令人憂慮的一年。對生活在倫敦骯髒環境的民眾來說——拜黑死病之賜，人口比前一年減少了五分之——末日時代似乎近在眼前。9 月 2 日，從一家烘焙店爆發的火苗，在倫敦各地肆虐了三天，把這座城市轉變成火焰地獄。在約莫一萬三千棟建築與數千個家庭化為灰燼之後，許多人將這場災難視為啟示錄的應驗。不過，到最後，大火只吞噬了十條人命。雖然不幸，但談不上世界末日。

1840 年代，麻省牧師威廉·米勒（William Miller）宣告啟示末日即將來臨，日後以「再生論」（Great Disappointment）聞名的插曲事件就此展開（圖20）。海報、新聞通訊和各種圖表紛紛散布他的訊息，說世界將在 1843 年 3 月 21 日到 1844 年 3 月 21 日之間終結。奇異的是，1843 年 2 月底，一顆明亮的彗星出現天際。這顆大彗星實在太過耀眼，一連好幾天都能在光天化日下看到。這個不祥的徵兆又吸引了成千上萬人加入米勒派的運動，有多達十萬人拋棄如今已無用處的世俗財產，去到附近山裡，等待世界末日。但末日沒有到來，米勒把日期修正為 1844 年 10 月 22 日。在 10 月 23 日那個陽光燦爛的早晨，米勒的忠實信徒們再次哀嘆。信徒亨利·艾蒙斯（Henry Emmons）寫道：「整個禮拜二我都在等待，而親愛的耶穌並沒來……我膜拜了兩天，一點也不覺得痛，現在卻因失望而生病。」

現代最多產的末日預言家，或許是美國牧師哈羅德·康平（Harold Camping），他公開宣告世界末日的日期不下於十二次。他根據從聖經裡找到的數字和日期做為計算基礎，於 1992 年出版了一本書，名為《1994？》，書中預測世界末日將於該年的某一天登場。他最惡名昭彰的預測或許是 2011 年 5 月 21 日，根據他的計算，正好就是聖經洪水七千週年那一天。結果那天過去，沒有出現任何一位騎士，他宣稱他的數學不準確，重新把日期修正為 2011 年 10 月 21 日。「我就像那位一次次高喊狼來了但狼都沒來的小男孩，」康平說道：「但這一點都不困擾我。」

如今，可以幫我們預告世界滅亡的不是宗教先知，而是科學。科學家說，我們不該把恐懼的眼神望向上天，而該俯瞰南極冰層，因為地球的毀滅不是由一列白馬載來，而是由看不見的氣體運送。不過，此刻，我們還可以稍事喘息。「啟示錄四騎士」依然禁錮在藍冰之中。

末日啟示峰 南極洲

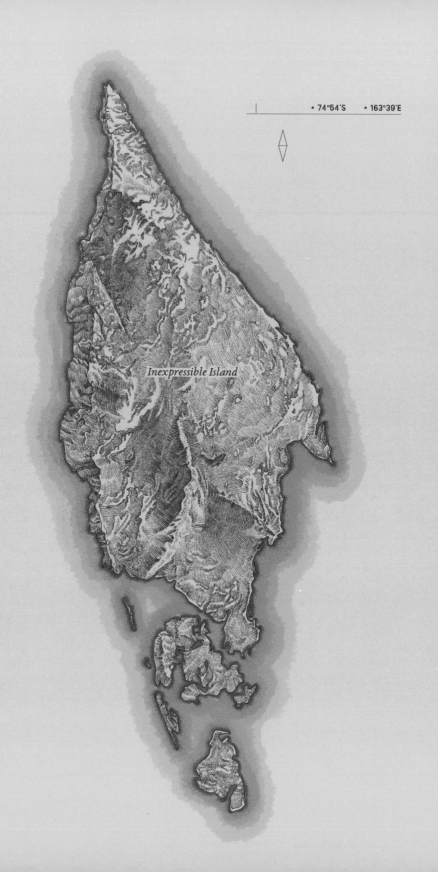

Inexpressible Island

難言島

南極洲

INEXPRESSIBLE ISLAND

Antarctica

南極，1912 年。「通往地獄之路，」喬治・莫瑞・列維克（George Murray Levick）在一個俯瞰蒼涼冰凍地景的小冰穴裡寫道：「或許是用善意鋪成的，但很有可能，地獄本身就是模仿難言島蓋出來的。」當時，史考特新地探險隊（Scott's Terra Nova Expedition）的六名成員，正在等待救援，度過第二個冬天，他們飽受痢疾與凍瘡之苦，還得靠吃企鵝維生。除了穴壁外，列維克也撞上語言的圍牆。他找不到適當的話語來描繪這種未知而深刻的痛苦，只能將這個地方取名為：「難言島」。

該如何表達難言呢？阿道斯・赫胥黎認為，除了沉默，就是音樂。歌德說過，藝術是難言的媒介。而另一方面，詩人里爾克（Rainer Maria Rilke）相信，「……大多數事件都是難言的，而且發生在話語不曾進入的領域。」

列維克並非第一個在描述這塊大陸時感到困難的人。1820 年，南極進入人們的視野，在此之前，它的存在只是假設性的，一種地理上的抽象。亞里斯多德首先提出，北方的大陸必須有一個南方的陸塊與之平衡。這樣的說法自然會引發諸多問題。這陸塊有多大？是什麼模樣？有誰或什麼東西居住在上面？這類想法盤據在歐洲人的想像中，長達好幾個世紀。他們夢想在世界的底部有自己的分身，亦即一些所謂的「反足文明」（antipodean civilization），也就是跟他們自身文明相反的奇怪文明。「antipodean」源自希臘文的「antipous」，意思是「（與我們的）腳相反」，由anti「反」和pous「足」組成。在啟蒙時代前夕的那些年，人們完全是從字面來理解反足人。這類想像出來的文明，不僅在地理位置上相反，在人體解剖上也是顛倒的，把四肢胡亂拼湊。於是這塊純粹想像出來的土地，就變成無數恐懼和欲望的投射，居住著各式各樣真實與想像的動物、突變人，以及猙獰的惡魔，全都是顛倒著走路。人們藉由故事和神話，想像這塊未曾見過的大陸 （圖21）。它那理想的無地方性，深受一些作家青睞，他們可以在這裡建構天馬行空的諷刺烏托邦、反烏托邦和奇

思幻想的作品，可以安安心心地盡情杜撰，不必擔憂與事實不符或矛盾。
1676 年，加布利葉・福瓦尼（Gabriel de Foigny）的《已知南方之地》
（*The Southern Land, Known*），描述一塊居住著雌雄同體反足人的土
地。1781 年，尼古拉—埃德姆・雷蒂夫（Nicolas-Edme Rétif）的《飛
人的南半球發現》（*Austral Discovery by a Flying Man*），包括了「大巴
塔哥尼亞」（Megapatagonia）烏托邦，在該地，「……所有東西都是
上下顛倒，前後相反」。約瑟夫・霍爾主教（Bishop Joseph Hall）1607
年出版的小說《另一個世界，不過又是同一個世界》（*Another World and
Yet the Same*），敘述者造訪了一連串寒冷多山之地，每個都比前一個更
可怕。有些地方住著孤獨之人，他們只在星期二碰面，躲在室內過日子，
「……構想著從沒做過也永遠不會做的事」。還有另一個現代案例，是
瓦勒里・勃留索夫（Valery Bryusov）1905 年的小說《南十字共和國》
（*The Republic of the Southern Cross*），書中描述一座反足城市，感染
了「反常瘋狂症」，或所謂的「矛盾病」。受到該疾病折磨之人，會發現
自己在想要稱讚時大聲侮辱，甚至殺死他們想要幫助的人。

至於這塊假想之地究竟是何種模樣，同樣眾說紛紜。當它在中世紀
以及十六世紀至十八世紀的文藝復興地圖上出現時，每位製圖者都是根
據自己的異想天開，決定這塊大陸的尺寸、形狀和地理。1578 年，傑
拉爾・德・裘德（Gerard de Jode）出版了世界地圖：《世界或整個
地球》（*Universi Orbis seu Terreni Globi*）（圖22），這張地圖把世界
描畫成一個奇怪的下垂狀煎餅，「未知的南方大陸」（Terra Australis
Incognita）一直向北延伸到新幾內亞。亞伯拉罕・奧特柳斯（Abraham
Ortelius）1570 年的地圖，則是讓「未知的南方大陸」幾乎填滿整個南
半球，宛如一隻巨大的白手托住世界。

當探險家終於在十九世紀中葉開始探索南極時，他們必須面對的，並

非上卜顛倒的怪物,而是遠比怪物更難捉摸、更無形無影的東西──那個地方本身。在這個單色調的遼闊地景上──跟漫無邊際一樣毫無特色──沒有任何可以標示地點、尺度或距離的東西。南極是一個永恆流動的地景。冰川融化,又重新結構。浮冰延伸了土地,又縮減了土地。它自身的存在就跟鬼魂一樣不定、飄忽、變形、調適、搏動──它抗拒形狀和形式,糾纏著想像力。

　　因此,在探索、繪圖及命名的時候都遇到許多困難,因為這個地方更常是由它不是什麼而非它是什麼所定義。即便在這塊知名寶地被發現之後,它還是閃避定義,抗拒陳述。之所以取「無形山」(Shapeless Mountain)這個名字,就是因為探險團隊無法在山形上達成共識。無形山就是這麼無形,以至於後來有支探險隊企圖攀爬時,整個弄錯了山的尺度──於是他們把它改名為「錯誤山」(Mistake Mountain)。那裡還有一座「搞錯峰」(Wrong Peak),名稱的由來和前者類似。1963 年,「退避冰川」(Recoil Glacier)由一位地質學家命名,據說他因為身體上的「厭惡而退避」,無法在那裡找到任何有趣的東西。

　　在《宮殿的寓言》(*Parable of the Palace*)裡,波赫士(Jorge Luis Borges)描述一名詩人寫了一首詩,內容是關於皇帝的宏美宮殿。詩人的簡練詞句(有人說只用一個字構成)將宮殿描繪得極其完美,甚至惹怒了皇帝,他大聲吼道:「你偷了我的宮殿!」下令將詩人立即處死。寓言繼續,在某些版本裡,當那首詩被吟誦時,宮殿就會整個消失,「世界上不能有兩個一模一樣的東西;他們說,詩人只要唸出他的詩,就能讓宮殿消失,彷彿是詩的最後一個音節把它化為碎片」。這個再現如此有效地取代了它想再現的東西。南極的地圖和神話並未做到精準再現,反而是成功打造了一個糾纏的替身,一個並非存在於世界底部,而是存在於想像深處的地方。

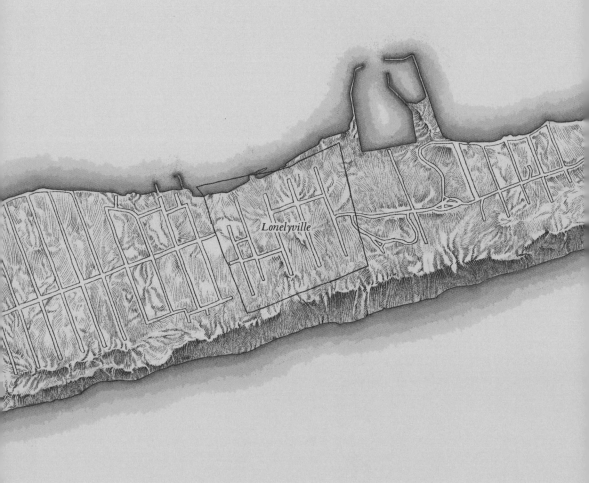

Lonelyville

• 40°38'27"N • 73°10'29"W

孤寂市

紐約州，美國

LONELYVILLE

New York, USA

孤寂市的法律明文規定：「凡不具備優良品行之人，皆不允許居住在本市範圍內。所有身體健康之人，都必須恪遵在安息日洗澡的規定。週日不得舉行賽馬、鬥雞或消防員比賽。不得讓任何野生動物，諸如獅子、老虎、大象、海豚或鯨魚等，留在本市範圍內。」最後，「市政委員會必須負責每日觀測潮汐起落和海浪滾動」。由全體三人組成的孤寂市議會和社區，一致投票通過他們擬定的法律。

孤寂市位於三十二英里長的火島（Fire Island）東端。火島與紐約長島大致平行，間隔約四英里。火島的地理狀態有點脆弱，比較像是固定的沙洲而非島嶼，地形會隨著天氣和氣候不停變化。

這座島嶼曾經是捕鯨港，一直維持到十七世紀末，但要到 1795年，才迎來它的第一位居民，他的名字是耶利米・史密斯（Jeremiah Smith），他於該年在海灘旁邊蓋了一棟小屋。根據島嶼神話學，史密斯的度日方式，就是把毫無戒心的船隻誘騙上岸，殺死船員，搶奪他們的補給品。然而，史密斯的劣行不是島上唯一的不法勾當。奴隸販子也利用這座島嶼惡劣的地理條件來囚禁和折磨他們的俘虜，後來還有私酒販子將他們寶貴的酒精藏在沙丘和樹林裡。幸運的是，島上的情況漸漸有了改善。改善的熱潮從 1880 年第一家餐廳出現開始，最後發展成「櫻桃園」社區（Cherry Grove）。它的出現，為整座島嶼的未來開發吹起了號角。

1890 年代，度假村和其他社區如雨後春筍般冒出，並由肖托夸集會（Chautauqua Assembly）揭開序幕，那是當時頗為流行的一種基督教運動。〔譯注：肖托夸集會是衛理教派發起的暑期教育營活動，由演說家、教師、音樂家、藝人、牧師和其他專家組成，為社區提供娛樂與文化教育，1920年代中期之前在美國農業地區廣為傳播〕島嶼開始擁有自己的生活和文化，散發光彩與魅力，特別是對那些想要尋求改變或逃避城市生活的人。1900 年代初，開發商買下大片土地，轉售給想要逃離紐約市的都市有錢人蓋度假屋。該島就在難以控制的情況下，走上成為度假勝地的命運。久而久之，這座細長的島嶼被分割成許多小自治區，每個都有獨特的人口分布與認同（圖23）。

　　1908 年夏天，三位朋友——前治安法官哈利·布魯斯特（Harry Brewster）、前銀行出納員哈利·拉文（Harry Raven）及前稅務員塞拉·克拉克（Selah Clock）——一起在島上買了一大塊空地。他們將簡陋的海灘棚屋取名為「布魯斯特的平房」（Brewster's Bungalow）、「拉文的牧場」（Raven's Ranch）和「克拉克的城堡」（Clock's Castle），向自家姓氏致敬。這些人在這裡過暑假，「……殺鴨子……捕捉『胭脂魚』和海灣裡的其他東西，反正沒其他事好做，醒著時

就彼此請客吃飯，交換故事」。就在某次聚餐時間，布魯斯特「……絞盡腦汁，想替海灘殖民地的這塊『棚屋區』取個名字，『孤寂市』一詞立馬跳了出來」。接著，根據故事的說法，「……在該有的燈光與香檳的慶祝下，為這個度假地舉行了命名典禮，朝名望之海出航。」

孤寂市從孤單的幾間海邊棚屋，逐漸發展成人口稠密的社區。1963年，知名喜劇演員梅爾·布魯克斯（Mel Brooks）和他的伴侶安妮·班克勞馥（Anne Bancroft），買了位於「無名之路」（No Name Walk）上一棟木板外牆的臨海房屋，是由美國知名藝術家暨建築師理查·邁爾（Richard Meier）設計的（圖24）。布魯克斯當然會欣賞該社區創建元老的黑色歡鬧，也經常在那棟房子裡舉辦派對，用即興喜劇娛樂賓客。在某次派對上，梅爾·布魯克斯和卡爾·雷納（Carl Reiner）想出一個喜劇小品的點子，名為「兩千歲老人」（The 2000-year-old Man）。這個小品最後發展成 1970 年代的電視節目，雷納在節目裡質問布魯克斯，兩千歲的老人會是什麼模樣。布魯克斯則從見證過歷史演進的老人角度，做出機智回答。

火島這個地方向來很容易遭受自然力量攻擊，2012 年的桑迪颶風（Hurricane Sandy）就曾肆虐該地。暴風雨帶來嚴重破壞，房屋夷平，島上好幾個部分淹沒在海水之下好幾英尺。住在那裡的人，痛苦地意識到該島的低窪地勢有多脆弱。發生在火島上的災難，可視為此刻正在全世界上演的歷史進程的預兆和象徵。有些氣候科學家堅稱，桑迪颶風是地球暖化的又一個不祥徵兆，他們預測，在兩百年內，孤寂市和全球所有的低窪地區，都會變成不斷增長的海床的一部分。

「喜劇是關於真相，關於失敗，」英國喜劇演員荷莉·伯恩（Holly Burn）寫道：「它處理人的墮落和人類的境況，它幫助我們理解自己和

我們生存的世界。」布魯克斯假設了一個不可能存在的兩千歲老人的視角，玩弄著最基本的喜劇數學，那就是，喜劇等於悲劇加上時間。從布魯克斯的古老視角，人類史不過就是一連串的不幸，是一齣史詩悲喜劇，由無助笨拙的人類在裡頭扮演主角，一齣在世界劇場裡上演的鬧劇。「悲劇是割傷手指頭，」布魯克斯曾說：「喜劇則是掉進無蓋下水道還死在裡頭。」如果我們真如氣候科學家所警告的，正站在地球暖化這條無蓋下水道的絕壁上，那麼當孤寂市沉入海底時，那不是悲劇，而是喜劇。

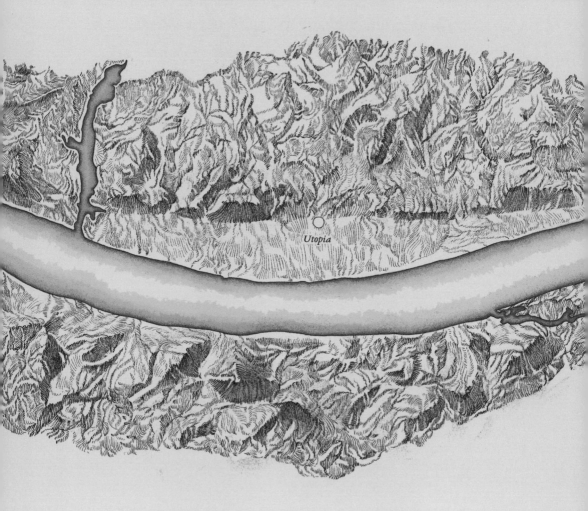

Utopia

UTOPIA

Ohio, USA

每座烏托邦都有一座隱含的反烏托邦。完美社會，這種無可抗拒的想法非常古老，也許跟社會本身一樣老。烏托邦一詞，可回溯到 1516 年湯瑪斯‧摩爾爵士（Sir Thomas More）創作的同名小說。摩爾在他的願景故事裡，想像了一座名為烏托邦的島嶼，居民在島上過著完美、和諧的社會生活。烏托邦是當時歐洲的對照，擁有它缺乏的一切——宗教自由、集體所有權、全民教育。在那裡，性別平等，人人都沉醉在有意義的工作中。摩爾的烏托邦願景，是為了掙脫啟蒙運動前夕困擾歐洲的宗教苦修，因而與它大相逕庭。摩爾和許多人一樣，受到哥倫布旅程的啟發，哥倫布在二十幾年前發現了新大陸，讓嶄新的完美社會有了真實的可能性。然而，早在烏托邦一詞出現之前，烏托邦社會就已存在，即便是想像的。從伊甸園到柏拉圖的共和國，從安樂鄉（The Land of Cockaigne）到培根（Bacon）的新亞特蘭提斯（New Atlantis），這些地方意味著，就算天堂失落了，這種失落也非無法挽回。當哥倫布遇到新大陸和它的原住民時，他相信，自己已經找到難以捉摸的伊甸園。〔譯注：1567 年，法蘭德斯畫家老布勒哲爾（Pieter Bruegel the Elder）創作油畫《安樂鄉》，描繪歐洲中世紀農民所夢想的食物豐饒幸福烏托邦，富諷刺、勸世意味；1626 年，培根出版烏托邦小說《新亞特蘭提斯》，描述科學社會的理想〕

二十世紀中葉左右，幾本小說再次重塑了我們對未來的想像。喬治‧歐威爾（George Orwell）的《1984》、阿道斯‧赫胥黎的《美麗新世界》（Brave New World），以及雷‧布萊伯利（Ray Bradbury）的《華氏 451 度》（Fahrenheit 451），這三本書都是在德意志第三帝國興亡前後所寫，預見的都不是充滿希望的理想未來，而是對人類腐敗與社會衰頹的不祥警告。它們是反對追尋烏托邦的警世故事，反對的理由只有一個，那就是歷史已經證明，這類追尋只會導致專制獨裁——換句話說，就是反烏托邦。

隨著移民開始湧入新大陸，他們發現，仰賴集體努力比個人奮鬥更愉

快，於是有各式各樣的小社群開始沿著邊疆出現。其中許多人是為了躲避宗教迫害而逃離歐洲，在這裡開創自己的微型社會，自由建構自己的人生，以前只能想像，現在至少有可能付諸實行。這些社群由魅力超凡的領袖帶領，根據理想主義的原則和一種新的宗教自由建立起來。到了 1900 年，一百多個烏托邦社群在北美各地紛紛創立，可見這類安排多受歡迎。

十九世紀法國哲學家暨早期社會主義思想家夏爾·傅立葉（Charles Fourier），在北美打造出一群死忠追隨者。傅立葉相信集體合作，他的烏托邦願景是小型的自治社會，他稱之為「法朗吉」（phalanxes）。傅立葉斷言，以性別平等、共同投資、集體生活和勞動為中心所建立的社會，將可體驗到更高的生產力和個人幸福感。你會感到滿足，因為社會內部的工作是根據你的興趣和渴望做分配。比較高的報酬會提供給一些普遍不受歡迎的工作，例如耕田（或是由猶太奴隸承擔，傅立葉認為猶太人是「惡之根源」）。傅立葉堅持，公社生活是不可或缺的本質，他還為此設計了一個巨大結構，名為「法朗斯泰爾」（phalanstère）（圖 25）。法朗斯泰爾的建築平面包括三大區域：一個中央部分和兩個側翼。建築裡配備了私人公寓、一間餐廳和會議室、圖書館，連同學校、宴會廳、工作坊和遊戲室。在傅立葉的烏托邦裡，社會和諧的保證在於，它剛好聚集了一千六百二十位成員，因為傅立葉認為，社會只有十二種共同的熱情，而這些熱情會造成八百一十種不同的性格。如此一來，每種可能的想望、需要和渴盼，都可得到適當的滿足。這樣的社會可以擺脫政府、不受束縛的資本主義以及高壓的勞力剝削，傅立葉認為，這些正是現代社會的禍害。雖然傅立葉有不少想法似乎清晰易懂甚至可行，但還是有些完全脫離現實。比方說，傅立葉相信，他的烏托邦世界可持續八萬年（在這段時期，會有六個月亮繞著地球轉），將會有三千七百萬名足以和荷馬媲美的詩人，北極將變得比地中海更溫暖（這點在今日似乎並非全然不可思議），海洋將淡水化且最後變成檸檬汽水，以及每個女人將有四名以上的丈夫。

儘管傅立葉在某些預測上有點過頭，但無論如何，他擁有一批堅定的追隨者。1844 年，也就是他死後七年，有一群死忠信徒在俄亥俄河沿岸集體購買了一塊土地，根據他的教誨，建立了一個理想主義新社區。他們將這個新社會稱為「烏托邦」。這個社區吸引了新家庭遷入，繳交二十五美元的年費，就可得到一棟木屋和一小塊土地。然而，才過了兩年，這個社會就支離破碎。它的成員，沒耐心等到完美和諧的八萬年展開，就感到幻滅，隨著人們離開，社區也跟著破產。

1847 年，約翰·華特斯（John Wattles），一位魅力十足的唯靈論領袖，買下烏托邦那塊土地，帶領他的一百位信徒前往。那是唯靈論社團的完美地點——一千四百英畝的土地與世隔絕，沿著俄亥俄河獨自伸展，他們可以在那裡生活，不受現代社會干擾。他們融合了傳統的基督信仰與一種新的唯靈論，同時嚴格奉行素食和禁酒（圖26）。華特斯是「和諧哲學」（harmonial philosophy）的追隨者，這個信仰系統是由安德魯·傑克森·戴維斯（Andrew Jackson Davis）發展而成，一位魅力型的催眠師、磁療師和千里眼。1847年，戴維斯出版了《自然原理，她的神聖啟示》（*The Principles of Nature, Her Divine Revelations*）。戴維斯深受傅立葉社會主義著作的影響，寫了一個故事，描繪存在於遙遠星球上的烏托邦世界，裡頭住了絕頂聰明、引人注目、道德高尚的個人。戴維斯將自己的想法與傅立葉的轉世化身理論結合起來，斷言生靈確實有可能在另一座星球上轉世為更高階的生靈，或更奇怪的，轉世成另一個星球。

唯靈論者在烏托邦落腳後沒多久，就決定一磚一瓦把市政廳搬到更靠近俄亥俄河的岸邊。1847 年 12 月 13 日，也就是搬遷完成的幾天之後，大雨導致暴洪，河水奔騰，事後證明，這是十九世紀最嚴重的洪災之一。不幸的是，洪水來臨時，城鎮的居民正在市政廳裡歡慶；洶湧的河水沖垮市政廳，踩躪慶祝會，把所有人席捲而下。儘管有人倖存，但大多數都被

冰冷的河水淹沒，或因失溫而死。

　　洪水過後，一家當地報紙寫道：「所有報導都說，被殺死的都是道德最高尚者，他們投注所有精力，追求人類的幸福和進步。」雖然烏托邦並未淪落成歐威爾式的反烏托邦，但因無控制的天災，它的確未能實現那個理想主義名稱所許下的承諾。烏托邦一詞源自於希臘文，意指 ou-topos：無處。烏托邦回復成一個抽象、未實現的理想，似乎頗為適合。畢竟，這個概念本身，就內含了「不存在」這個弔詭的許諾。但也許它的確存在。只須看一下今日美國社會和經濟的M型差距即可理解，某人的烏托邦，就是另一人的反烏托邦。

Cape Grim

Suicide Bay

冷酷角

塔斯馬尼亞，澳洲

CAPE GRIM

Tasmania, Australia

1828 年 2 月 10 日。一個夏日清晨，空氣涼爽，海面無波。離岸一公里處，從海中長出兩座岩層，陡峭的懸崖拔升到蓊綠樹頂。原住民女性冒險下海。當她們一起游向島嶼時，泡沫般的海水環抱著她們的裸體。部落裡的其他人，在岸上收集薪柴，燃燒營火，細細的幾柱輕煙飄向天際。數小時後，女人再次從浪花中浮現。雙手拿著溼成一捆捆的細嘴海燕，是她們在島上捕獲的，雙腳纏了青草，形成羽狀花束。皮拉波（Peerapper）部落約莫七十名的成員，終於聚集在營火旁，大快朵頤。就在那時，毛瑟槍如雷般的爆裂聲，擊碎了早晨的清澈空氣。現場一陣混亂。身體狂奔，但沒人知道該往哪個方向逃。「有人衝進海裡，」英國建築商暨未經培訓的傳教士喬治‧奧古斯塔斯‧羅賓森（George Augustus Robinson）在1830 年寫道：「……有些人搶著爬上峭壁，剩下的都被那些怪物殺了。那些想要在岩石縫隙尋找庇護的可憐蟲，被逼到可怕的懸崖邊緣，他們全部遭到屠殺，屍體丟到懸崖下方。」

二十五年前，也就是 1803 年，約翰‧包文中尉（Lieutenant John Bowen）在總督菲利浦‧金（Philip King）的命令下，航行到澳洲大陸南端這座未開發的島嶼，並在它的東岸設立了一個前哨站。這座島嶼被稱為范迪門之地，是幾年前由最早發現它的荷蘭人命名。遼闊崎嶇，加上難以逾越的地形，使它成為從英國滿載罪犯前來的船隻的完美遣送地。難以管教的罪犯被押送到惡名昭彰的亞瑟港刑事殖民地，其他大多數則是易服勞役，分派給自由殖民者、公司和土木建設工程。1826 年，范迪門之地公司在島上成立，並在島上西北方得到約莫二十五萬英畝的土地，畜養美麗諾羊和薩克遜羊。這塊土地並非空的，而是早就由好幾個原住民部落占據，是他們的家園，但這點對公司和政府而言，都無關緊要。公司的船隻開始抵達，運來羊隻以及服勞役的罪犯。范迪門之地公司不以強占土地為滿足，不到一年，他們就以殘暴對待當地原住民而贏得惡名。

攻擊皮拉波部落的行動——約有三十位原住民遭到屠殺——是由范迪門之地公司的四名男子負責執行。這起事件後來被稱為「冷酷角大屠殺」

（Cape Grim Massacre），但它只不過是原住民與殖民者在全島持續進行的戰爭裡的一起暴力行動。事實上，隨著越來越多殖民者和罪犯抵達，血腥暴力事件也跟著狂飆。性行為遭到剝奪的罪犯們，綁架、強暴和謀殺原住民的婦女和女孩。部落以游擊攻擊回報，結果只是招來殖民者的凶殘報復。

對原住民的種族滅絕不僅發生在范迪門之地，而是在澳洲全境不停上演，但人們對於周遭的這類屠殺，普遍漠不關心，關於這點，我們可以回顧一下十九世紀的科學種族主義理論，從中得到部分解釋。當達爾文在 1836 年 1 月旅行到澳洲時，他天真地以為，是某種「神祕機制」導致澳洲原住民快速滅絕。他在《小獵犬號航海記》（*The Voyage of the Beagle*）裡觀察到，「……不同人種對待彼此的方式，似乎就和不同種的動物一樣──強者永遠會消滅弱者。」他挪用動物與人類之間令人遺憾的關聯性，做為科學證據，支持英國人對澳洲原住民的帝國征服。「社會達爾文主義」一詞的出現，就是在暗示原始種族比不上西方的「文明」國家。當時人相信，原住民文化在演化上是倒退的；是早已注定要滅絕的人種。當時人也相信，英國人只是加速這個不可避免的結局罷了。「落在拓荒屯墾者手上的黑人是否值得憐憫，這是個開放性問題，」澳洲聯邦主義者哈羅德・芬奇—哈頓（Harold Finch-Hatton）寫道：「但可以肯定的是，他們並未得到任何憐憫。他們是注定失敗的種族，早在很多年前，他們就該被徹底掃除。」英國作家安東尼・特洛普（Anthony Trollope）認為澳洲原住民是「……無可救藥的野蠻，是裝聰明的猴子，只會裝模作樣，模仿那些無所事事的白人紈袴子弟」，他後來還斷言：「……他們的命運就是被滅絕；他們正在消失中。」在維多利亞帝國主義者的想法裡，這就是「適者生存」，是達爾文演化理論正在運作的證據。「只要歐洲人踩過的地方，」達爾文本人觀察到，「死神似乎都追趕著原住民。」

在沱迪門之地雙方日益升高的暴力中，福音派殖民者羅賓森受命擔任殖民者與原住民之間的調人。羅賓森於 1824 年抵達島上時，喬治·亞瑟中尉總督（Lieutenant-Governor George Arthur）宣布戒嚴，甚至提供獎金（成人五鎊，小孩兩鎊），鼓勵俘虜或殺害原住民。這場後來所謂的「黑色戰爭」（Black War），奪走的殖民者性命不到兩百位，但島上所有的原住民人口，最後都遭到殲滅（圖27）。

羅賓森同情原住民的掙扎，對冷酷角的大屠殺進行調查。他判定這是一連串越演越烈的復仇行動的最後一起，幾個月前，范迪門之地公司的幾名男子，企圖將幾位原住民女孩引誘進他們的小屋。戰鬥爆發，一名工人的大腿遭長矛刺穿，好幾位原住民被殺。為了報仇，一群部落民將該公司的羊隻團團圍住，趕下懸崖；巧的是，日後他們的屍體也將從同一處懸崖被丟進海裡。

范迪門之地的總督，命令羅賓森將該地最後殘餘的原住民包圍起來，說服他們搬遷到弗林德斯島（Flinders Island），位於巴斯海峽（Bass Strait）的一座小島。羅賓森立刻同意，因為他知道，若不搬走，這些原住民很快就會滅絕。羅賓森和原住民男子楚格尼尼（Truganini），成功說服了幾乎所有原住民遷往弗林德斯島，並答應提供他們食物、住宅與安全，直到本島上的情況冷靜下來。到了 1835 年底，范迪門之地的原住民幾乎都得到重新安置。

羅賓森好意想要拯救殘餘的原住民，但事實證明，這反而給他們判了死刑。抵達弗林德斯島後，他命令原住民接受一套程序，可使他們「文明化與基督教化」。他們禁止施行傳統習俗，被迫穿上衣服，還取了歐洲化的名字。男人被派去清土地、剪羊毛、修馬路和築籬笆，女人則必須洗衣服和上縫紉課。隨著情況迅速惡化，弗林德斯島變成某種囚犯集中

營，而非羅賓森許諾的聖地。羅賓森很快就對他的計畫感到幻滅，放棄了該島。疾病蔓延，殺死了大多數原住民。到了 1847 年，島上只剩下四十七位原住民，他們再次遷移，這次是搬到荷伯特（Hobart）南方的蠔灣（Oyster Cove）。

達爾文在《人類的由來》（*The Descent of Man*）中寫道：「在未來的某個時期，以世紀為單位不算非常遙遠的時期，文明的人類種族幾乎肯定會把全世界的野蠻種族全部滅絕，取而代之。」在歐洲殖民者於 1803 年抵達之前，范迪門之地是約莫七千位原住民的故鄉，他們住在島上已經四萬年左右。到了 1905 年，也就是一個多世紀後，只有一人還活著。

這就是華特·班雅明創造的那句格言：「歷史是由勝利者撰寫的。」的確，不是受害者，而是勝利者可以創造他們的自我書寫歷史主義，假以時日，這個故事就會變成那個時期的正史。在范迪門之地的地圖上和文獻裡，皮拉波部落那三十具屍體被丟下海的那個懸崖，被貼上「勝利丘」（Victory Hill）的標籤。懸崖下方的岩石海灘，則被取名為「自殺灣」（Suicide Bay）。「所有文明的紀錄，」班雅明寫道：「同時也是野蠻的紀錄。」1856 年，范迪門之地為了擺脫這段黑暗過往，改名為塔斯馬尼亞。

• 49°14'59"N   • 94°45'03"W

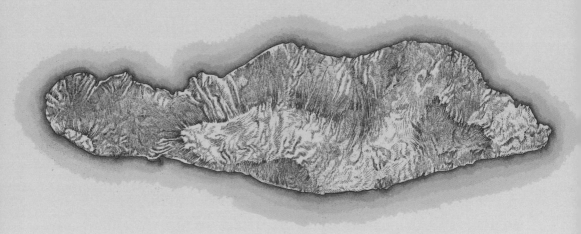

Massacre Island

屠
殺
島

安
大
略
，
加
拿
大

MASSACRE ISLAND

Ontario, Canada

沒有幾樣東西能像黑色氈毛大禮帽那樣，成為十八世紀的象徵。這個標誌性的時尚配件，首次在歐洲沙龍大受歡迎，是在十六世紀末，之後整整兩百年，它一直在世界各地的男性頭飾中脫穎而出。它不僅是時尚衣櫃裡的必備單品，男人還可透過他的帽子，傳達出自己的財富、身分與社會地位。

　　它反映出一名男子最重要的一切；他的收入和職業，甚至他的政治和宗教歸屬。戴在頭上也好，夾在腋下也罷，都沒關係，它已成為所有高貴紳士的隨身必備品。男人沒有帽子，等於沒有地位。大禮帽也稱為高禮帽、火爐煙囪帽、煙囪管帽，或就簡稱禮帽，它的原型不只一個，而是有好幾個，取決於它的帽主希望傳達的形象（圖28）。有中規中矩的攝政王（Regent），精緻又坦率；有威嚴的奧塞（d'Orsay）；有閃亮的威靈頓（Wellington），加上橘皮般的捲曲帽沿。巴黎美男子（Paris Beau）是花花公子的最愛，有著異想天開的倒錐帽型，往往還會用單支白羽毛裝飾。無論帽子的特殊風格如何，除了顏色和形狀之外，決定其終極價值的最重要元素是材料。綿羊、兔子、狐狸、水獺、甚至熊，都是製作毛氈的上上之選，但是和優雅如絲卻又堅固耐用的加拿大海狸皮草比起來，都是小巫見大巫。單是一頂大禮帽，就需要不下於兩公斤的海狸毛皮。將柔軟的絨毛從皮上刮下來，與各種黏著劑結合在一起；如此形成的材料再經過纏結、蒸煮、放在帽子狀的木塊上塑形，最後製作成想要的形狀。汞是黏著劑的常見成分，經常導致沒有戒心的製帽匠中毒，於是有了「跟製帽匠一樣瘋」（mad as a hatter，性格古怪、瘋瘋癲癲之意）的說法。

　　這種獨樹一格且不切實際到令人驚訝的男性頭飾，在歐洲大受歡迎，從而助長了對北美海狸毛皮的需求。北方地區的原住民部落，世世代代都以打獵和設陷阱的方式捕捉海狸，如今開始靠著這項新貿易發大財。

他們拿海狸皮跟法國殖民主及歐洲貿易商以物易物，不是換錢，而是換貨。毛皮貿易很快就變成一股驅力，推動歐洲人深入美洲大陸北部，到那塊未知荒野進行探險。由於陸路旅行又慢又危險，他們開始尋找海路。捕風捉影的謠言傳遍整個法國殖民地和貿易站，說北美大陸西邊有一片巨大的內海。據說它跟哈德遜灣或墨西哥灣一樣大，許多人相信，它是始於太平洋，接著一路往東，深入北美大陸。這片神祕的內海被法國人稱為「西方之海」（Mer de l'Ouest）（圖29）。就在這個假想的西方之海開始出現在地圖上沒多久，法國探險家暨毛皮貿易商維洪德希爵士（sieur de La Vérendrye，皮耶‧高堤耶‧德‧瓦洪訥〔Pierre Gaultier de Varennes〕），主動想證明它的存在。靠著毛皮貿易提供的資金，維洪德希（連同他的三個青少年兒子：尚—巴蒂斯特〔Jean-Baptiste〕、皮耶〔Pierre〕和方索瓦〔François〕）於 1731 年 8 月 26 日離開蒙特婁，同行的還有一支約莫五十人的探險隊。

　　他們騎在馬背上，穿過茂密、崎嶇的土地，一路往西推進，沿途建立了新的毛皮貿易站。到了隔年，探險隊只完成橫越大陸的一半路程，他們在伍茲湖（Lake of the Woods）畔設立一個貿易站，取名為聖查爾斯堡（Fort Saint Charles）。在那個時代，伍茲湖是好幾個原住民部落的激戰區，包括克里族（Cree）、堤頓—拉科塔族（Teton-Lakota）、蘇族（Sioux）、達科塔族（Dakota）和奧吉布瓦族（Ojibwa），每個部落都跟其他部落及歐洲貿易者組成不同的聯盟，維持著複雜而脆弱的戰爭、和平與貿易關係。

　　數年之後，維洪德希和他的團隊繼續往西，留下兒子尚—巴蒂斯特在聖查爾斯堡協助管理新建立的貿易站。1736 年 6 月 5 日下午，尚—巴蒂斯特和其他二十名法國人從聖查爾斯堡出發，搭乘三艘大型的獨木舟前往卡米尼斯奎亞社區（Kaministiquia）以及米其林馬克基納克社區（Michilimackinac），去購買補給品和糧食。然而，第二天結束時，這

群人竟然沒有抵達。第三天，一群旅人搭乘獨木舟抵達聖查爾斯堡，但不祥的是，他們也沒看到那群人的任何蹤影。搜索行動展開，沒多久就發現尚—巴蒂斯特和他的夥伴。搜索隊第二天抵達湖泊東邊的一座小島。獨木舟登陸後，他們走進一個小型的森林伐木場，在那裡，島嶼的中央，他們發現二十一名男子和一個恐怖場景。

他們「……一個挨著一個躺成一圈」，搜索隊的一名男子回憶道。被斬首的頭顱擺在他們旁邊，仔細用海狸皮裹著，有如恐怖的禮物。尚—巴蒂斯特「……癱在地上，臉部朝下，背部被一把刀整個劈開；在他的腰部和無頭的軀幹上有一個大開口，裝飾了吊襪帶以及用豪豬刺做成的手環」。凶手始終沒找到，留下法國毛皮貿易商絞盡腦汁，想要解開這可怕的場景和神祕的肢解裝飾究竟有何意義。

讓法國人最不安的，則是用海狸皮包裹頭顱的手法。或許這是對歐洲人不滿的象徵，因為他們對海狸皮無法饜足的貪念，這種貪念正快速讓物種滅絕。或許這手法的荒謬之處，是為了要呼應海狸皮終將成為的那樣東西：只關心如何取得權力、地位和財富的歐洲男人的象徵性頭飾。

屠殺島 安大略，加拿大

MISERY (ELEND)

Saxony-Anhalt,
Germany

悲慘村位於德國心臟地帶。這個世外桃源小村，安居在森林與花崗岩山脈的暗色地景中，所在區域擁有豐富的神話與傳說，其中許多在十九世紀初由格林兄弟採集，做為「……可回溯到最古老時代的信仰碎片」。悲慘村坐落在布羅肯（Brocken）山腳下——「布羅肯山」，哈次山脈（Harz mountains）的最高峰。世世代代的健行者與登山客都曾提到，有一個隱約可見的巨大身影在迷霧中跟隨他們，一種散發出輻射光圈的鬼影。這種現象稱為「布羅肯幽靈」（Brocken Spectre），最早的記述來自於 1780 年的自然主義者約翰·斯伯奇萊格（Johann Silberschlag）。實際上，那個幽靈只是健行者自己的影子被難以解釋的山光投射到雲層上。然而，布羅肯絕非尋常山峰。沉浸在民俗與神話裡的這座山峰，自十七世紀以來，就是傳聞中巫婆與惡魔舉行儀式的地點，是德國最偉大的一些藝術與文學作品的主角。據說，在每年 4 月 30 日的沃爾普加之夜（Walpurgisnacht），全世界的女巫會在它的峰頂聚會，為歌德筆下那位該死的浮士德狂歡作樂（圖30）。

1784 年夏天，歌德在哈次山脈，特別是布羅肯探險時，就住在悲慘村，布羅肯山隱約籠罩著下方這座溫順小村。歌德特別迷戀那些奇形怪狀的花崗岩柱與露頭，它們使這座山享有玄祕之名——擁有包括「魔鬼牆」（The Devil's Wall）、「魔鬼講壇」（Devil's Pulpit）或「女巫祭壇」（Witches' Altar）之類的地標。由於這座山已經被確立為撒旦儀式的古老基地，歌德遂因勢利導，將它改造成浪漫主義版的泛神論，也就是神與自然合而為一，把女巫祭壇當成為浮士德設置的著名場景，用來見證沃爾普加之夜的奇觀。歌德對花崗岩的濃厚興趣，或說執迷，演化成一篇論文，名為〈論花崗岩〉（Über den Granit），那是他在悲慘村小屋裡撰寫的。其中有部分是對地質的探詢，有部分是對自然假設的抒情沉思，無論多不正確，花崗岩都是最原初的**那塊**岩石，是其他所有岩石的基礎——一條不曾間斷、可回溯到時間之初的岩脈。對歌德而言，它變成失落

的太初世界的最宏偉象徵。「坐在裸露的高峰上，」歌德寫道：「俯視下方的遼闊區域，我可以對自己說：你正坐在一塊基石頂端，這塊基石通往地球的心臟所在……沒有任何廢墟亂石將你與原初世界的堅硬表面隔離開來。」

　　隨後幾個世紀，會看到人們陸續挪用歌德有關自然與人的哲學，賦予新的願景和意義，首先是德國浪漫主義者，接著在二十世紀中葉又被納粹挪用。納粹用偷來的修辭，許下承諾，要建立一個改造過的國家——將一個破碎屈辱的民族，與其父祖之地結合在一起。他們宣揚一種新的文化地景，一種回歸神話與浪漫化過去的文化，一種以種族「科學」為基礎的民族主義意識形態，一種古老的純淨——不是石頭的純淨，而是血統的純淨。即便是從布羅肯山一望無際的視角，歌德也無法預見前方地平線上的黑暗未來，失序的山脈將會把他的道德世界與即將來臨的毀滅隔離開來。

　　花崗岩很快就有了其他推崇者。納粹建築師亞伯特‧施佩爾（Albert Speer）發現這種石頭無法抗拒，這次是做為第三帝國採納並利用德國浪漫主義願景的象徵性建材。對施佩爾而言，花崗岩是力量的化身，既古老又純淨。他和希特勒都希望花崗岩，這個歌德口中的太初之石，能夠持續一千年，成為第三帝國浪漫主義願景的建築奇蹟。德國浪漫主義是納粹主義寄生教條的完美宿主；也就是對內在黑暗、戲劇性死亡，以及，或許最有趣的，有機廢墟的迷戀。「廢墟價值理論」（Theory of Ruin Value）的想法是由施佩爾提出，暗示未來的建築物與紀念碑在設計與建造時，應該把不可避免的衰變納入；要能優雅地坍倒在風景如畫的廢墟中，若能如此，即便在千年之後，它們依然能夠「……傳達出第三帝國的雄心壯志」。施佩爾堅信，花崗岩之類的自然材料勝過混凝土，聲稱花崗岩和大理石一樣，生產過最卓越的美學廢墟。「埃及和羅馬古老的石造建築，」施佩爾說：「至今依然屹立不搖，成為大國歷史最強有力的建築明證。」

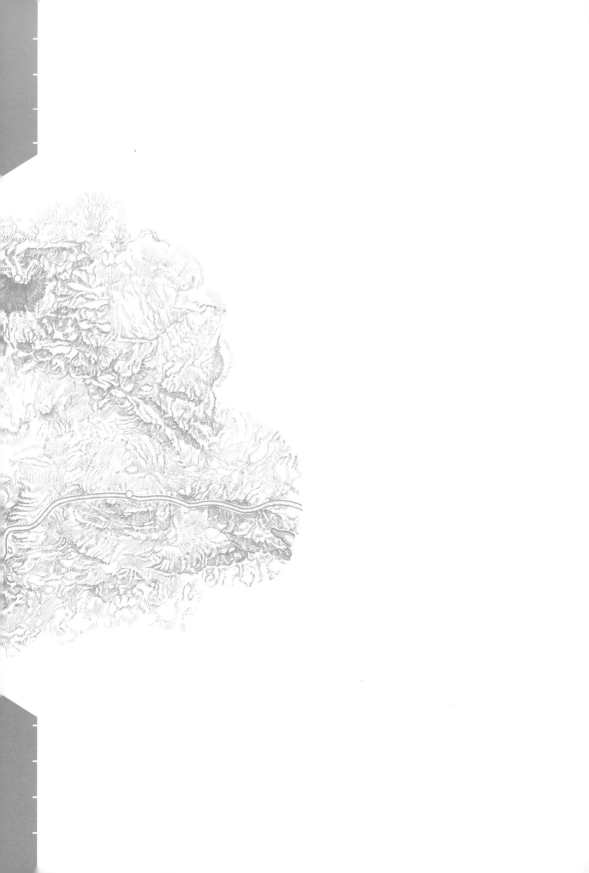

然而，空中轟炸並未將第三帝國的城市化成施佩爾預見的浪漫主義如畫廢墟，而是化為屠殺與破壞的毀滅地景。在東德，獨裁者一位接著一位，結果就是歌德摯愛的悲慘村，發現自己站在邊界上錯誤的那邊，差距只有幾公里而已。新的共產主義領袖並不迷戀花崗岩的浪漫，傾向用預鑄混凝土的實用魅力取而代之。他們用混凝土修復東德毀滅的廢墟，並建造內牆（Inner Wall），這道陰暗壁壘在接下來三十年裡，斷然地將這個國家一分為二（圖31）。不過，他們確實為花崗岩找到一項用途。它以名為「地標」（Grenzsteine）的矩形石塊出現，嵌進沿著邊界面西那側的土地裡。這些石塊的其中一面，以不祥的黑色字體刻了「DDR」（德意志民主共和國，東德）三個字母，看起來宛如墓碑，預言著這個國家即將來臨的滅亡。

　　悲慘村甚至曾經有段可恥的命運，變成惡名遠播的東德祕密警察——史塔西（the Stasi）——的官方度假地，這當然令當地人深感不安。1972 年，一名年輕男子跑進小村邊緣的樹林裡。過沒一會兒，機關槍快速掃射的聲音劃破黑夜。東德軍人在灰色的混凝土牆邊，發現那名男子的屍體。他似乎是試圖逃往西德的翠綠牧場。他的死，以及另外一百二十五位在企圖逃離東德時遭到殺害的人，都是徒勞，他們體現了那個時期的悲慘。1989 年兩德統一之後，對居住在先前邊界兩側的人而言，悲慘村又快速變成深受歡迎的旅遊景點。如今，夏日時節，健行者再次漫遊於歌德的太初世界，一塊傷痕累累、扭曲變形的地景，在這裡，神話與傳說就跟花崗岩一樣，依然可回流到時間之初。

MEMORY OF
THE NAMELESS

無
名
的
記
憶

「成為過去，成為不再，正熱情地在事物上發揮作用。」

——華特·班雅明，《拱廊街計畫》（*Arcades Project*）

「今天我經過洛杉磯，在西南方徒步行走，」亞伯特·施佩爾在他 1965 年 9 月 5 日的日記上寫道：「塵土馬路上的無情太陽。我的鞋底在熱地上燃燒，好幾個月沒下過一滴雨。」

幾年前，我收到一本亞伯特·施佩爾的日記。1975 年出版，是他二十年來寫在衛生紙碎屑和香菸包裝紙上，偷偷運出監獄的作品集結。施佩爾，這位聲名狼藉的納粹建築師，在僥倖躲過紐倫堡的絞刑架後，下半生大多數時間都在柏林的斯潘道監獄（Spandau）度過。

1965 年 9 月初的那一天，施佩爾並沒有徒步走過洛杉磯，而是待在監獄裡，他已經待了二十年的同一座監獄。他在充裕的空閒時間裡，發展出一套繞著監獄花園長途漫步的冥想習慣。那座花園是他本人設計興建的，一塊可以漫步，有著果樹、花壇、蜿蜒步道和假山園林的精緻地景。繞行花園時，他會將豌豆從一個口袋移到另一個口袋，一絲不苟地記錄每一圈，藉此計算出行走的公里數。

某一天，他突然想到，他可以走一趟想像之旅，從監獄走回小時候位於海德堡的家，距離約六百二十六公里。每天晚上，在他的每日跋涉之後，他會把當天在花園繞行的距離，畫在他從監

獄圖書館借來的一張德國地圖上。1955 年 3 月 19 日，經過幾個禮拜的步行，他終於抵達海德堡。接著，施佩爾有了另一個想法。他寫信給朋友們，徵求中東、亞洲和北美的地圖及旅行指南。他像個背包客般，為了環球之旅作準備，埋首在地圖集、世界地圖、歷史書和遊記裡。接下來十一年，施佩爾從柏林跨過歐洲，穿越南亞，橫渡中國，經由白令海峽，下到加拿大，沿著美國西海岸進入墨西哥。他用繞行花園的每一圈，讓自己走進一種超自然的出神狀態，他的心智如今超脫了他的身體，可以自由地漫遊世界。

這位逍遙行走的囚犯，仔細在日記中記錄他造訪過的地方。「1959 年 7 月 13 日：今天抵達北京。我前往故宮時，外面的大廣場上正在舉行某種示威。」「1963 年 2 月 24 日：白令海峽周遭，依然是崎嶇多山的國度，放眼淨是樹木不生的岩石地景。」

施佩爾穿越的那個世界，可不只是空白地景，它的地形敘述讓那世界顯得生動活潑。「故事就是指南針和建築，」雷貝嘉·索爾尼寫道：「我們靠著故事導引航行，我們用故事打造聖堂和監獄，少了故事，就像迷失在四面八方都是北極苔原或北極海冰那樣的浩瀚世界裡。」

少了真實旅行的種種實務和不滿——笨重行李、遺失護照、等待航班、迷路、疲倦、晒傷等等——施佩爾可以完完全全如他所願地自由體驗這世界。他選擇下雨的時候，老天就下雨。

他覺得傾斜的時候，山脈就是陡峭的。方便的時候，他就迷路一下。施佩爾把手扶椅之旅提升到一個全新境界。他像孤獨的朝聖者一樣，穿行在自身想像的無邊地景，不僅跨過有形的獄牆邊界，還超越世界本身的時空邊界。他在監獄的最後一晚，發了一封電報給朋友，上面寫著：「請到墨西哥瓜達拉哈拉市（Guadalajara）南方三十五公里處接我。」

　　1966 年 10 月 1 日午夜整點時分，當施佩爾以自由人身分步出監獄時，他已經環遊世界走了三萬一千八百一十六公里。反諷的是，出獄之後，他根本沒去旅行。事實上，這位厭世的旅行者連他的海德堡別墅都絕少離開。不過，他還是做了最後一趟旅行。1981 年 9 月 1 日，他為了 BBC 的一場訪談飛往英國。抵達倫敦後，他在飯店辦好入住手續，隨即倒在地上，與世長辭。

　　巨大的水泥圓柱體看起來相當森嚴，依稀有種外星感。我的袋子裡放了施佩爾的日記，但我沒把它拿出來，以免有人看到之後，覺得我是那些人的一員，那些人對納粹建築的興趣，已超過有益身心健康的程度，變成了令人不安的狂熱。導覽員是位中年女性，操著抑揚頓挫的德國腔，穿了一件蓬鬆的綠色冬日外套，她正在向一群外國遊客複誦這個結構的名稱，我也是其中之一。「*Schwerbelastungskörper*」，她說，把這個字眼慢慢重複了好幾次，但沒有慢到足以讓任何人能夠準確複誦。

「在德文裡，這個字指的是『重承重體』。」她進一步說明，德國人喜歡把許多單字結合成一個很長又很難發音的單詞。我離開那群遊客，想要拍一張那個結構體的照片，但它非常頑固，拒絕遷就我的相機鏡頭。

　　「由於柏林是建造在鬆軟的沼澤地上，所以了解底土的承載能力相當重要。」導覽員繼續說道：「希特勒和施佩爾為世界首都日耳曼尼亞（World Capital Germania）這座新城市所做的規劃，需要許多非常沉重的建築材料。於是，1941 年，施佩爾設計了這個結構物，當做實驗，用來測試土地的強度。它高十八公尺，重約一萬兩千六百五十公噸。由於這個結構體的尺寸和密度關係，不可能在安全情況下摧毀它。」最後那句評論，讓不少業餘的拆除狂熱者創意大發，提出各種建議。

　　「Schwerbelastungskörper」雖然令人厭惡，看起來也不討喜，但它依然矗立在那裡。也許這個無法摧毀的物體，將成為後人類城市最後殘留的廢墟。我想到納博科夫，他說過：「……未來只是逆向的過時。」我想像著，它可能會對遙遠未來的考古學家造成困惑，他們將會無止境地思考這個結構物，一如我們對待英國巨石群。我想像他們穿著白色工作服，用小刷子掃走一層層時間，擦洗這個神祕人造物的表面，想要找出蛛絲馬跡，透露它被人遺忘的功能。但他們能找到的，只有彩色噴漆的殘痕，那些無法理解的象形文字，可以回溯到二十一世紀初。不論未來

如何，這個物體如今既是世界首都日耳曼尼亞失敗計畫的官方地標，也是它的非官方記憶，是城市表面堅不可摧的一道傷疤，被它自身的歷史重量死壓著。

柏林冬季前夕的陰沉天空，是堅實的灰色量體，而這個巨大的混凝土結構物，看起來好像是用它做成的。又拍了幾張照片之後，我離開，朝西邊的威爾莫斯多夫（Wilmersdorf）走去。

我拿出一張碎紙片，上面寫著班雅明在柏林的最後地址。很難誇大班雅明的作品對當代社會與文化的影響力。無論是關於消費主義或法國文學、抽大麻或馬克思主義、攝影或巴黎購物拱廊街、歷史哲學或他在柏林的童年記憶，班雅明的想法與觀察都閃爍微光，強度幾乎足以滲透到現代生活的每一個深處。

班雅明是三個小孩裡的大哥，出生於 1892 年，在西柏林夏洛騰堡（Charlottenburg）郊區一個富裕的猶太家庭長大。父親是骨董和藝術品拍賣商，母親則在城裡擁有多處溜冰場。1902 年，班雅明十歲的時候，進入夏洛騰堡腓特烈皇帝小學（Kaiser Friedrich School）就讀。他是個蒼白多病的小孩，因為這個原因，1905 年被送到圖林根（Thuringian）鄉下的寄宿學校唸了兩年，直到 1907 年才重回柏林。這趟旅程，是班雅明一生顛沛、流離歐陸的開端。在他 1940 年去世時，他住過的不同地址不下於二十八個。

我順著埃伯斯大街（Ebers Strasse）空蕩蕩的卵石街道往

下走，掠過多明尼克斯街（Dominicus Strasse）迎面而來的車輛，沿著弗里茲・艾爾薩斯街（Fritz-Elsas-Strasse）走進魯道夫・威爾德公園（Rudolph-Wilde Park）。上一次我走進這座公園，是柏林的炎熱仲夏，但此刻的風景全面冰凍，蕭條零落，由各種褐灰色階組成。在公園尾端，一頭金鹿矗立在一座乾泉中央的水泥高柱上，它的凱旋姿態與燦爛光芒，似乎在嘲笑四周秋色的有機衰變。一群裹在皮草下方、抱著愛叫狗狗的老婦人，將如雲朵般的呼氣呵進冷空氣中，宛如聚成一團的骨董蒸汽火車頭。我走出公園，沿著威格豪瑟勒街（Waghäuseler Strasse）往西走，左轉到攝政王街（Prinzregenten Strasse），很快就找到六十六號那棟房子。

「你必須跟隨作者，」班雅明在評論德國作家佛朗茲・赫塞爾（Franz Hessel）1929 年著作《柏林徒步》（*On Foot in Berlin*）時寫道：「走進柏林的『老西部』，才能了解他的這一面……了解他如何歌頌一種古老居住文化的最後紀念碑。」這個鄰里曾經是柏林最傑出的一些猶太家族的住處。這棟公寓大樓是淡黃色，暈船的顏色，由基本的角狀組成，機能取向，毫無裝飾。班雅明的公寓在五樓。有一間陽光充足的書房，視野開闊，空間足以容納他的小巧圖書館，約有兩千本藏書。門廳的另一頭住著他的表兄弟艾貢・威辛（Egon Wissing）和他妻子葛特（Gert），他們經常一起出去玩，抽大麻。他在這裡住到 1933

年，希特勒於那年成為德國總理。希特勒上台後不久，德國猶太人的日子變得日益困難。寫作不再能養活他自己，他也試過用筆名寫作，例如K.A.史坦普佛林格（K.A. Stampflinger）和德特勒夫・霍爾茲（Detlef Holz），證明無效之後，他賣掉公寓，移居西班牙。當時他並不知道，他將再也見不到柏林。

我跨過一道牢固的金屬圍籬，在大樓側邊走來走去。牆上一塊方形小牌匾寫著：「柏林紀念牌。從 1930 年到他 1933 年移居之前，先前矗立在這裡的那棟房子裡，住著文學評論家、文論家和哲學家華特・班雅明。」

「先前矗立在這裡的那棟房子」，這句話讓我大吃一驚。這根本不是同一棟大樓？這應該沒什麼關係，但不知何故，它就是有關係。單是地址相同並不夠，我希望那棟大樓也是同一棟，同樣的磚塊，同樣的砂漿，同樣的窗戶和樓梯。但真的有差別嗎？有，真的有差。我的失望就在那裡，昭昭在目，無可否認。我走回路上，無奈地幫班雅明不曾住在那裡的那棟房子拍了幾張照片。三樓的窗口，一張滿布皺紋的蒼白臉孔透過花紋窗簾往下凝視。那是張令人難忘的空洞臉孔，配了一雙深陷的黑眼睛。我心裡想著，那雙眼睛看過這一切。看著班雅明的朝聖者來來去去，什麼也沒留下，對當地經濟毫無貢獻，想必相當氣惱，那是一種沮喪，帶著些許懷疑和困惑的表情。這不就是我在法國盧德（Lourdes）時，看著那些殘疾朝聖者的表情嗎？——那表情說

著：「你明明知道那就只是普通的水，不是嗎？」然而，無可否認的是，自古以來，人類就是渴望前往宗教聖地、靈性聖地，或其他具有重要意義的地方，去飲用泉水，親吻牆壁，觸摸土壤，閱讀牌匾，拍一張照片。

我發現一個地鐵入口，跑下階梯，進入光線昏暗的洞穴，搶在車門關上之前跳進車廂。我的鄰座擺了一份摺疊起來的報紙。一張藍色海洋的空照圖橫跨頭版。我稍微貼近，看到海上滿是屍體，有些還穿著螢光色的救生衣，他們在一艘傾覆的小船四周載浮載沉。

我在威爾莫斯多夫街下車，走了幾分鐘，抵達一座開放式的大廣場。廣場是長方形，兩側都是一模一樣新蓋的黑灰色建築物，用水泥連拱廊支撐。貼了灰磚的廣場底端，冰涼的水柱從地面上的孔洞噴進百無聊賴的午後空氣。廣場大多地方空空蕩蕩，只有幾位孤獨的商業人士從其中一端走到另一端。我來到華特・班雅明廣場。我慢慢從其中一頭晃到另一頭，然後又走回去。無法否認的是，這座廣場，班雅明的廣場，實在枯燥無聊到不可思議。它的建築師採用完美無瑕的對稱設計，但效果並非均衡的優雅，反而是把人的身體變成瑕疵細刺，擾亂了那個空間的絕對秩序和敏感頻率。本質上，與華特・班雅明廣場有關的一切，沒有任何東西和華特・班雅明這個人有任何共鳴。我不禁想到場所命

名的獨斷性；地方與名字之間的關係，太常是考慮不周或根本沒關係。我在廣場附近發現一家咖啡館，找了個位置坐下，用我最棒的德文，點了三明治和咖啡。

　　1933 年，也就是班雅明離開柏林那年，距離我所在之處只有幾公里的帝國總理廣場（Reichskanzler Platz），改名為阿道夫・希特勒廣場（Adolf-Hitler-Platz）。在波蘭的格丁尼亞（Gdynia），斯文托亞伊斯卡街（Świętojańska Street）變成阿道夫・希特勒街。在義大利羅馬，朋黨大道（Viale dei Partigiani）變成為阿道夫・希特勒大道。橫跨整個歐洲，從荷蘭到俄羅斯，街道、公園、廣場、橋梁、體育場，全都依照「元首」的名字改了稱呼（圖32）。再也沒有中立的公共場所，只有由政治控制的空間。然而，到了 1945 年戰爭結束的時候，根據希特勒命名的地方，不難理解全都退了流行。它們如今的功能，就是用來提醒人類，記住死亡、破壞與恥辱。這些地方要不是恢復原名，就是重新取了新名字。在東德，蘇聯沒浪費丁點時間，大肆利用地名的政治、意識形態與教化潛力。街道取的名字，都是卡爾・馬克思巷、史達林大街、列寧大街、恩斯特・台爾曼街（Ernst Thälmann Strasse）、羅莎・盧森堡街（Rosa Luxemburg Strasse）之類的。〔譯注：恩斯特・台爾曼曾任德國共產黨中央委員會總書記，參加德國總統大選敗給希特勒；羅莎・盧森堡是德國馬克思主義政治家暨革命家，德國共產黨創始人之一，其

政治思想後稱盧森堡主義〕雖然我們利用地名做為世界的導引，標定、指示和區辨不同的地方，但地名其實還有一個意想不到的效果：他們會同時把你對該空間的經驗壓薄與放大。

這個命名和重新命名的過程凸顯出歷史的流動性。它透露出歷史並非固定的，而是寫了又刮、刮了又寫的（複寫本式的〔palimpsestic〕），是從現在與未來不斷變化的視角，對過去不停的擦除與改寫。歷史不是由石頭而是由沙粒打造的不穩定景觀，只能在滾滾推進的未來潮汐重寫歷史之前，存在片刻。

1990 年代兩德統一後的重新命名，大多不具政治性，而是有銘記功能。街道和廣場經常以在納粹手上遭到謀殺的個人和猶太社群命名。結果就是，柏林有一堆街道如今聽起來很像鬼故事。這些街道召喚無名者的記憶；隱約提醒人們，那些缺席之人會從過去回來糾纏他們。班雅明指出，我們正是透過名字發現連結，這種連結有可能改變某個地方公認的歷史，揭露一座城市裡的其他城市。

正是透過街道的名字，班雅明寫道：「……城市是一個語言學宇宙的圖像。」

我跟朋友已經約好了，那天黃昏的時候要在柏林新克爾恩區（Neukölln）的一家酒吧裡碰面，所以我決定接下來幾個小時就在那個街區隨處走走。然而沒過多久，我就在舍訥貝格區（Schöneberg）的住宅區徹底迷失方向。或許對我而言，最能

定義柏林的東西，莫過於森林般的靜謐感與高山似的開闊感，這些都是很難在城市裡找到的特質。即便在大白天，你也會發現只有自己一個人走在柏林某條大街上。這其實沒什麼好吃驚的；畢竟這座城市今日的人口比 1925 年還少。

我漫步在空蕩街道的正中央，適應著寂靜，往上凝視著大樓建築，它們在道路兩側形成屋牆，宛如一座古老峽谷。

「對一座城市不熟，不代表什麼，」班雅明在他的《柏林童年》（Berlin Childhood Around 1900）裡寫道：「但要在一座城市裡迷路，就像在森林裡迷路一樣，需要一些學習。街道名稱聽在都市漫遊者耳中，必須如乾枯枝條發出的清脆聲響一般重要，市中心的小街道對他而言，必須如峽谷一般清晰反映出一天的時辰。」

下雨了，硬子彈落下，大概是夾了冰。我尋找掩護，看到對街小便利商店的螢光燈。我慢跑過去，踏進燈火明亮的室內。那家店實際上是空的，只有一排貨架，上面擺了一些挑選過的罐頭，看起來更像博物館的遺物，而非可以吃的食品。地上幾個塑膠籃裡裝了香蕉乾和杏桃乾，日期也可回溯到超過活人記憶的歷史階段。商店的一個角落，有一群阿拉伯男人圍著一台鎖扣在牆上的塑膠小電視站著。我從無法正常運作的冰箱裡拿了一罐溫可樂，大聲地擺在玻璃櫃檯上。他們正在收看無聲的新聞報導，看起來是某個難民營著火的消息。一長串沮喪的男子從攝影鏡頭前

走過，有些身後拖著貌似昂貴的黑色行李箱，像是若無其事地朝機場登機口走去。遠處，臨時搭建的帳棚瘋狂燃燒著。有那麼一會兒，螢幕變得模糊，有個男人張開手掌拍了幾下，影像重新聚焦。鏡頭現在鎖定一根朝天空飄散的煙柱。它追著那團翻騰的烏灰色緩緩進入玻璃藍的平流層，監看那根煙柱如何從物質的囚禁中潛逃。我將數目正確的零錢擺在玻璃櫃檯上，離開小店。外面，雨停了，街道閃閃發亮，彷彿剛上了一層釉。

　　由於無法返回柏林，班雅明再次回到巴黎，他在東巴斯勒街（Rue Dombasle）十號租了一間小公寓。在津貼的支持下，他恢復對波特萊爾的批判性研究，並開始著手他希望的代表作：《拱廊街計畫》。如同書名透露的，這本書是以巴黎十九世紀玻璃屋頂的購物拱廊街為焦點，以蒙太奇的手法組織零散的筆記和引文，全書分成三十六類，標題包括「閒逸」、「鏡子」、「未來之夢」、「攝影」、「收藏家」、「廣告」和「賣淫」等等。

　　1940 年，德國入侵東歐，讓歐洲其他地區蒙上一層不祥的陰影。班雅明在他的巴黎公寓裡雖然感到安全，但流亡七年的壓力與貧困正在付出代價。他陷入憂鬱，甚至避開他最親密的朋友，絕少踏出公寓一步。他努力掙扎，繼續進行他的波特萊爾研究與拱廊街計畫。他帶著些許希望，試著申請法國公民身分，「慎重，」他寫道：「但不抱幻想。」德國猶太人的處境，沒能

力找到工作，妹妹的疾病預後，以及想到他留在柏林公寓裡的作品和所有物，如今可能都落在蓋世太保手上，這些在在令他悲傷。他寫道：「你知道空氣再也不適合呼吸——不過你就要被勒死了，這當然也沒任何意義。」班雅明的絕望感日益加深，他寫信給朋友，請求他們寄錢和菸草給他。他更加努力，想要找到門路去美國。為了籌措船費，他甚至想把他最珍愛的財產——保羅・克利（Paul Klee）的畫作《新天使》（*Angelus Novus*）——賣掉，但找不到買家。

1940 年 5 月初，德軍入侵比利時和荷蘭。接著，令班雅明恐懼的是，他們在 5 月 10 日突破法國邊界，朝巴黎衝來。一波高達兩百多萬人的難民潮開始流動，搶在入侵的德軍之前。班雅明在驚慌中收拾細軟，把他最珍貴的作品連同一些衣物、一些盥洗用具、一只防毒面具和一本書裝進行李箱。他帶著妹妹朵拉（Dora），跳進最後一班從巴黎開往庇里牛斯山區盧德小鎮的火車，那裡距離西班牙邊界不遠。就在德軍進入巴黎的隔天，一群軍人抵達班雅明的公寓，撞開大門，但只發現人去樓空。

我終於撞見一個地鐵站，在柏林，地鐵站離任何地方似乎都不會太遠，我在新克爾恩市鎮廳站（Rathaus Neukölln）下車。我爬上階梯，走進卡爾・馬克思街，密集的噪音和活動襲來，攻擊我的感官。遵照我朋友傳來的指示，我走進一個大型購

物中心，搭電梯到頂樓。那家酒吧位於購物中心最頂端，提供俯瞰城市的壯闊視野。我買了啤酒，回到屋外寒涼的午後空氣中。太陽在地平線上流連，以金色光柱照亮部分城市。

　　班雅明和朵拉抵達盧德後不久，法國當局就關閉了通往西班牙的邊界，沒有得到允許的外國人，一律不准通行。

　　「我無法自欺欺人，對這危險的局勢視而不見，」班雅明寫道：「我擔心，只有少數人能夠拯救自己。」在盧德度過兩個多月飽受煎熬的等待之後，班雅明得知，自己已取得前往美國的簽證，他必須到位於馬賽的領事館。8 月初，班雅明和朵拉抵達馬賽，發現全城都是難民，全都絕望地想要逃離飽受摧殘的歐洲。朵拉在一個鄉下農莊找到藏身處，眼淚婆娑地與哥哥告別──他們再也沒有相見。

　　除了他的美國簽證，班雅明還拿到西班牙和葡萄牙的過境簽證，但最令人沮喪的是，他無法取得法國的出境簽證。9 月底，班雅明和兩位朋友從馬賽搭火車到靠近西班牙邊界的旺德爾港（Port-Vendres）。由於現在不可能以合法方式從法國出境，這三人決定祕密穿越邊境，潛入西班牙。接著，班雅明就可以取道西班牙前往葡萄牙，搭乘汽船去美國。他們在旺德爾港加入麗莎・費特寇（Lisa Fittko），她是班雅明結識的一名男子的妻子。她很熟悉那區，知道庇里牛斯山上有一些很少人走的小路，

可以跨越法國邊界，進入西班牙的波爾特沃（Portbou）。

9月25日，這群人開始攀越山脈，一路擔心會被法國警察或邊界駐衛警逮到。班雅明因為身體屢弱，只能奮力趕上。9月底，天氣酷熱，山脈陡峭。自從離開巴黎，整趟旅程，他都帶著一只沉重的黑色皮製公事包，悍然拒絕任何人幫忙提。裡頭裝了他的新手稿。「這個公事包對我來說是最重要的，」班雅明跟費特寇說：「這份手稿必須保存。它比我更重要，比我本人更加重要。」

9月26日，這群人越過西班牙邊界，當天下午走進波爾特沃。他們為逃離法國興高采烈，去到海關所在地，準備取得過境西班牙的戳印。但他們只開心一下子：他們被告知，邊界已經關閉，他們將於隔天被遣返回法國。很難想像，當他們被護送到「法國的方達」（Fonda de Francia）這家小旅館時，那股絕望有多深痛，他們在戒護之下度過一晚。筋疲力盡、身心交瘁的班雅明，想到遣返法國後，他肯定會被拘留，然後送往集中營，最糟的是，他的手稿可能會移交給蓋世太保，簡直無法承受。他躺在旅館床上，旁邊桌子放了一只大金錶，公事包擱在身邊。

隔天早上，這群人醒來，發現班雅明死在旅館房間裡。前一晚，他吞了好幾把嗎啡藥丸。隔天，邊界重新開放。這群人並未重返法國。他們留下班雅明的屍體，繼續前往里斯本，最後抵達美國。

幾個月之後，漢娜・鄂蘭（Hannah Arendt）來到波爾特沃，但她找不到班雅明的墓。不過，她發現有份文件記錄了班雅明去世時的財務清單：一只懷錶和錶鍊，一張五百法郎紙鈔，一張五十美元紙鈔，一張二十美元紙鈔，一本有西班牙和美國簽證的護照（圖33），六張照片，一張身分證，一張 X 光片，一支木製菸斗，一副眼鏡，幾封信和報紙。但沒有屍體，也沒手稿。班雅明認為比自己更重要的手稿，消失得無影無蹤，直到今天都沒發現。有人認為，那是《拱廊街計畫》的最後定稿，或者是其他完全不同的東西。

在酒吧等我朋友時，我尋思著，9 月那個晚上，班雅明躺在旅館床上，嗎啡輕輕拉扯他的意識，帶他走向永夜的黑暗時，他在想什麼。也許他想到柏林，夏洛騰堡安靜的卵石街道，他童年家裡陰暗潮溼的房間。班雅明認為，故事與說故事者的源頭，並非生命，而是死亡。「就像人的生命即將走到盡頭時，會有一連串影像開始於內部啟動……說故事者所能述說的一切事物，都是由死亡蓋棺論定。他從死亡那裡借來他的權威。換句話說，他的故事是還諸於天地自然的歷史。」

在德文裡，「Geschichte」既是故事也是歷史。這個雙重意涵透露出，歷史是某種故事，故事也是某種歷史。雖然我們會把故事與想像連結，把歷史與事實相關，但或許它們是完全一樣的

東西，可彼此融合，就像河川流入大海。地方的歷史，換言之，地方的故事，用班雅明的話來講，就是「……經由一層又一層各式各樣的重述所揭露的」故事。

我倚著欄杆，往北眺望這座城市。天空這會兒已脫下它的灰色外套，幾點星光，或該說幾顆死星的幽靈光，穿透朦朧霧靄。第一盞街燈亮起。

班雅明著迷於一種非常波赫士的想法，那是在法國大革命時形成的：「……將巴黎改造成一張世界地圖：將所有街道和廣場重新命名，用世界各地的著名場所和事物當它們的新名字。」他也留意到，法國劇作家路易—賽巴斯蒂安‧梅西耶（Louis-Sébastien Mercier）曾提出一個比較小規模的建議，認為巴黎的街道應該重新根據法國的城鎮地景命名，「……把它們彼此之間的地理相對位置考慮進去」，還說城鎮的大小應該反映在街道的尺度上。法國的河流和山脈應該用跨越好幾個街區的超長街道來代表，「……提供整體輪廓，讓旅行者可以在巴黎城內取得法國的地理知識，反之亦然，在法國境內取得巴黎的地理知識」。班雅明引用博物學家皮鳩（J.B. Pujoulx）的說法，他曾寫道：「……讓法國南部居民在巴黎各區的名稱裡重新發現自己的出生地，妻子來到世上的城鎮，以及他早年居住的鄉村」，將是多美妙的一大樂事。

這種空間性的重疊與交織，將我的思緒再次帶到了施佩爾的

想像漫遊。或許世界同時是內在的與外在的，是含納在一座城市裡的一整個宇宙，是一座花園裡的世界，是存在於一個名字裡的一個地方的故事，而要體驗它，或許我們只需跨出自身心靈的門檻。眺望這座城市，我再一次確確實實地感覺到，此刻我身處的歷史建構，這個時間與空間現實的排列，只是無限的未來組合的一個任意結果，在這個故事裡，一層又一層的現實在我生前死後摺摺疊疊，有如一本沒有開頭也沒結尾的書本。那感覺，就好像是，我正活在一個無名未來的記憶裡。

波爾特沃有一座班雅明紀念碑，是由以色列藝術家丹尼‧卡拉凡（Dani Karavan）設計，名為《通道》（Passages）（圖34）。那是一條用耐候鋼製成的長廊道，順著歷經風霜的台階，通往下方的閃亮大海。但在盡頭處，在你能抵達大海之前，階梯被一道無法穿越的玻璃牆擋住了。

施佩爾在倫敦飯店去世後六年，斯潘道監獄被夷為平地。在監獄的基地上，快速興建了一座購物中心，施佩爾的花園鋪上水泥，改成停車場。為了確保不留下任何監獄的痕跡，以免它變成可能的紀念性場址，整棟建築物被化為薑粉，倒入海中。

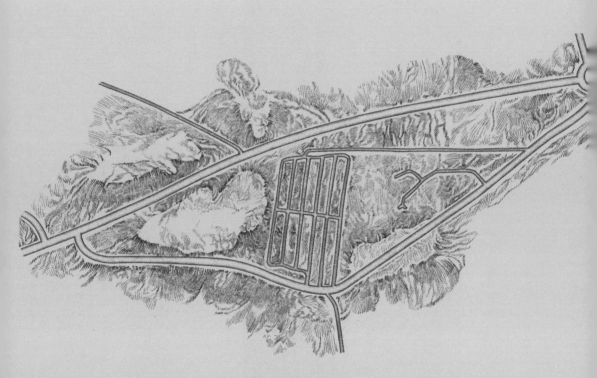

• 54°52'8.21"N   • 1°41'55.83"W

No Place

NO PLACE

Durham, England

如果你意外來到無處鎮，你可能會很失望，這裡沒有電影院，沒有小七便利商店，沒有加油站，沒有火車站，沒有購物中心，甚至連城鎮的標示都沒有。或許最後這點，是它錯失掉的最大機會。「無處像家」（There's No Place like home），你可以在標示上這樣冷冷驚呼。又或者，「無處像無處」（There's no place like No Place）。

　　不過，無處鎮並不像它的名字所暗示的，是個負空間。無處鎮位於英格蘭東北部，一處人煙稀少、丘陵起伏的地景中，有無盡的高速公路，煤煙色的雲朵和家具大賣場，很容易就錯過它。這座小村有六條一模一樣的街道，十二排兩層樓的紅磚排屋組成格子狀，約莫三百位居民無奈地住在無處。

　　大約是在十九世紀末，無處鎮開始它無法描述和不確定的存在，它是由四棟排屋加上兩端的兩個大型住宅區所組成的集合體。根據當地人的說法，因為無法取得合法的村鎮資格，所以給那些房子取了「無處」之名。儘管如此，隨著幾十年過去，這個非村非鎮的地方，慢慢擴張它自身的無地方性。在 1950 年代該鎮短暫的興盛時期，曾經有過一家「Co-op」超市、炸魚薯條店、麵包店、街角雜貨店，甚至有一家精緻的甜點店。擴展期的鎮民，大多是在附近的比米什瑪莉（Beamish Mary）煤礦坑工作。他們人生中有一半的時間居住在無處鎮，另一半住在礦坑裡，由於挖礦的動作就是在創造負空間，所以這些居民為無處鎮帶來了某種詩意循環。

　　生活以英國這類村鎮常見的懶洋洋步調推進，直到 1950 年代末，杜倫郡議會悄悄決定，讓無處鎮慢慢滅絕。這比較不像是某種行動方案，而像是某種不行動計畫。由於該鎮的人口這些年來緩慢下降，加上該鎮的維修費用對郡府是相當沉重的財政負擔，所以規劃師決定，他們既不整修建築物，也不投資新的住宅和基礎設施。總有一天，該鎮自然將會迎接它的合理命運。

　　在某種意義上，儘管比較不具戲劇性，但他們正試圖讓無處鎮遭受「damnatio memoriae」（記憶抹煞）；這個拉丁文的意思是「記憶受懲

罰」，這是一種古老的刑責，由羅馬元老院對叛國者和侮辱帝國者所施加的懲罰（圖35）。這種懲罰是讓你成為「非」人。禁止承認、談論或書寫被定罪者，他們在羅馬生活過的所有痕跡，也要悉數毀滅。等到他們死後，就像他們從未存在過。許多人認為，將人從未來的記憶中抹除，是最嚴酷的懲罰形式。對人和城市而言，死亡或許是生命無可避免的結果，但在記憶中永生不朽，卻是某種補償，或某種救贖。1953 年，當地的教堂牧師在與《時代》雜誌訪談時說道：「有些人認為，無處鎮注定滅亡是因為它的名字。但對鎮民而言，它是家之所在，無處跟它一樣。」（這個雙關語當然是故意的。）法國理論家馬克・歐傑創造了**非地方**一詞來形容短暫停留的地方。機場、旅館房間和購物中心都不是目的地，歐傑指出，而是通行和消費的過渡空間。然而，這全然是主觀性的。高速公路地下道既不是家，也不是目的地；除非你是住在那裡的流浪漢。雖然名為無處，而且萬事俱缺，但無處鎮的居民還是讓它成為一個地方。在滅絕的威脅下，該鎮團結抵抗，與郡議會抗爭，並贏得勝利。

　　三十年後的 1983 年，郡政府再次試圖干涉該鎮事務。他們無疑是懷抱最佳善意，想要給無處鎮一個名字。郡政府建議用「合作莊園」（Co-operative Villas），認為這個名字終能使它的臨時性身分固化下來。然而，他們不懂的是，無處鎮已經是他們的身分，是他們家園的名字。要這個小鎮改名，就是要抹煞它的過去，這個小鎮曾經費盡辛苦努力維持的過去。如果第一次抹煞無處鎮的企圖是形而下的，那麼這次就是形而上的。不過，小鎮再次拒絕改換身分（其實是做了比較大的妥協——現在的路標會同時標上「合作莊園」和「無處」）。這小鎮或許是由負面所定義，但它還是有很多正面的東西。它有一座教堂、酒吧和足球場，或許最重要的是，還有源源不絕的壞雙關語。

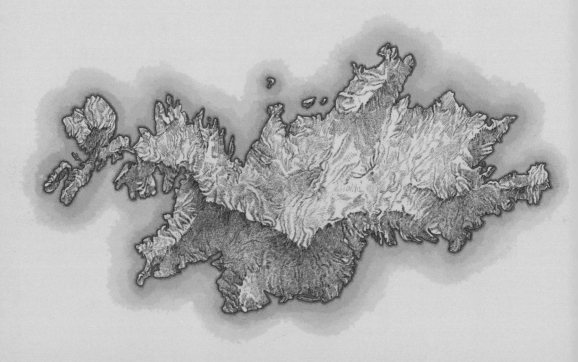

• 50°36.25'S   • 165°58.38'E

Disappointment Island

失望島

奧克蘭群島，
紐西蘭

DISAPPOINTMENT ISLAND

Auckland Islands,
New Zealand

1907 年 3 月 6 日。十五名男子在南太平洋一個荒涼的岩石露頭上擠成一團。寒冷的南極狂風在他們潮溼、顫抖的身體四周呼號。大洋的怒吼穿越堅不可摧的黑暗而來，狂暴地將他們的木船粉碎在島嶼峭壁上。聽在遭遇船難的男人耳中，這不可能弄錯的聲音，昭告了他們的處境。那是失望的聲音。

　　他們抵達失望島。雖然不知道名字是誰取的，但事實將會證明，這名字實在太貼切。在人的日常生活中，儘管會有失望的時刻，比方挑錯生日禮物、雞肉凱撒沙拉裡居然沒雞肉、週日野餐碰到下雨等等，但是在失望島上，彷彿就像它的名字所預言的，每件事都令人失望。如果說，發生船難而且沒有即刻獲救的希望不夠慘，這裡還有一堆理由可讓你失望。首先，與熱帶船難的倖存者不同，那些人比較幸運，可以在閃亮的白色沙灘和棕櫚樹天堂漫步，但失望島的船難倖存者面對的，是一個被海風颳得尖脆多刺的迷你小石丘。圍繞它四周的，並非清澈明亮的碧綠海水，而是暗黑無邊、風暴肆虐的南冰洋。某人「……發現他不是在奧克蘭主島」，而是在失望島上後，整個被失望擊垮，他「……在船難發生後第十二天過世」，他可能是歷史上唯一一個因為失望而死的人。

　　十七天前，也就是 1907 年 2 月 17 日，遇難船隻「鄧唐納德號」（Dundonald）──兩百二十英尺長的鋼製船體帆船──滿載小麥從雪梨港駛出，航向英國。這趟東行之旅將繞過合恩角（Cape Horn），一路

平順，直到他們遇到狂烈颶風，這類事件在水手們眾所周知的「四十度嘯風帶」（Roaring Forties）經常發生。午夜剛過，他們看到陸地，但無法及時操作笨重的船帆，被迫駛進該島的險惡懸崖。這時，他們企圖度過難關的計畫，宣告失敗。船隻狠狠撞上岩石，人員在漆黑一片的混亂中瘋狂爬行。海浪一波波席捲甲板，將他們拋入洶湧大海。幸運逃離沉船的水手，拚了老命爬上該島三百英尺高的石頭懸崖。二十八名人員中的十六名活著上岸。其中一人原本已安全抵達陸地，沒想到竟被一道復仇波浪又捲了下去，再也未見蹤跡。歷經九死一生的考驗之後，當早晨的陽光終於照亮他們蒼白、冰凍的身軀時，這些男人從自身所在的不毛岩石上站起身子，環顧四周。發現自己活著而短暫振奮的精神，隨即消散無蹤——這座島嶼完完全全是一派令人失望的景象。

隨後幾天，這些男人輪流冒險去到沉船處，從唯一勉強露出海平面的船桅上，撕下帆布。飢餓的男人們捉了大海鳥，生吞其肉。在棄船的最後一刻，有個男人隨手抓了幾支火柴，可惜全被海水浸溼了。他們花了三天的時間，才讓那些火柴乾到足以起火——他們絕對不能讓火熄滅。

這些男人別無選擇，唯有勤奮。他們臨時搭建的帆布帳篷，顯然不適合肆虐的冬季暴風雪，由於島上沒有木材，他們只好徒手在凍土上挖洞，再用灌木樹枝弄成避難所。他們用海豹皮製成拖鞋。他們將打撈起來的帆布裁成毯子和衣服，再用草的纖維和骨針縫製起來。他們造了黏土烤爐，把能遇到的所有生物都拿去烤：大海鳥、信天翁、細嘴海燕、鯨鳥，偶爾，還有毫無戒心的海獅。在他們意外停留於失望島之前，正運送著好幾千噸的金黃麥子，足夠每個人快快樂樂吃上好幾輩子，知道這點，就不難想像眼前的折磨有多難忍受。幾天拉長成幾星期，幾星期拉長成幾個月。每一天，這些男人都用空洞的失望眼神凝視著巨大空蕩的地平線。走投無路的他們，在信天翁腿上綁了求救訊息。

在失望島東方僅八公里處，有奧克蘭島。雖然當時也無人居住，但它大很多，更重要的是，謠傳那裡儲存了緊急食物。不過有個顯而易見的困難：沒有船該怎麼去。如同歷史一再顯示的，沒有比絕望至極更能激發大創意。他們利用風帆布加上橢圓婆婆納（Veronica elliptica）的粗硬枝條，捆成一艘小船，看起來很像一個巨大的飄浮籃子。他們用棍子和帆布做成臨時划槳。然後，三名男子爬進他們的脆弱成品，在一道海浪與一陣歡呼中，他們朝鄰島划去。然而，雖然他們成功抵達，卻因為找不到難以捉摸的食物補給而失去意義。接著，彷彿受到詛咒，讓他們注定要重蹈覆轍似的，當他們兩手空空、垂頭喪氣地返回失望島時，他們細緻的手工藝品又在岩石上撞成碎片。

不過到了 10 月初，他們又造了另一艘更大的船，這回有四個人再次啟航。他們把船駛往奧克蘭島，但船隻再次因為撞上岩石而碎裂。第四天，經過二十公里的折磨跋涉，穿越刮傷皮膚的灌木叢，抵達奧克蘭島的另一邊後，他們偶然發現那個難以捉摸的存糧，讓他們喜出望外的是，還有一艘小型的木製划艇。這群男子脫下衣服裁成風帆，全身赤裸但得意洋洋地返回失望島，去接那些滯留的朋友們——一起回到面積較大、失望較少的新島嶼。

這群船難生還者豎起一面拼布旗幟，上面寫的不是「求救！」或「SOS」，而是「歡迎光臨」。這旗幟八成有效，因為過沒多久的 10 月 16 日，正要去亞南極群島（Subantarctic Islands）進行科學考察的紐西蘭政府汽船「海尼莫亞號」（Hinemoa）經過，偶然注意到在半桅杆上飄揚的那面旗幟——那是普世通用的船難船員標誌。「海尼莫亞號」停靠下錨，找到疲憊的生還者後，船長以極為反高潮的口氣宣布，要等到科學考察結束才能回頭拯救他們，在此之前，他們得在奧克蘭島上耐心等候。那些已經承受過這麼多失望的男人，無可奈何，只能再承受一次（圖 36）。

　失望島 奧克蘭群島，紐西蘭

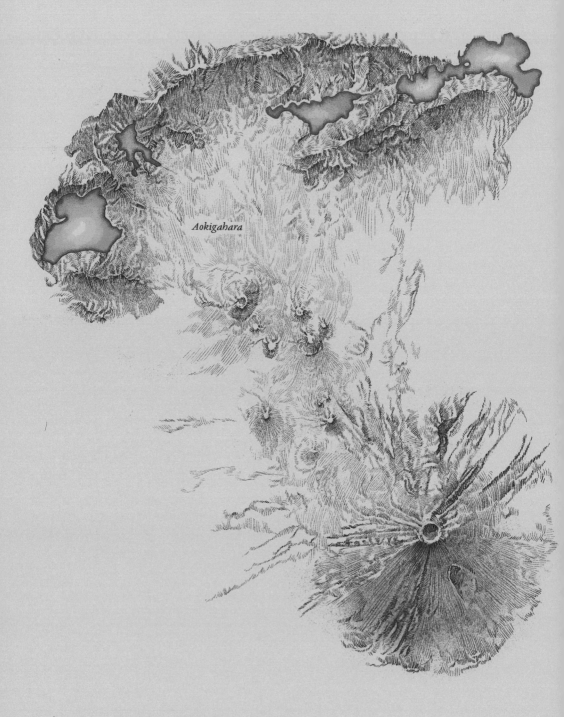

Aokigahara

• 35°28'12"N   • 138°37'11"E

自殺森林

（青木原）

日本

SUICIDE FOREST (AOKIGAHARA)

Japan

《完全自殺手冊》（*The Complete Manual of Suicide*）將這個地方列為完美死所。西元 864 年，貞觀六年，富士山連續爆發十天。一條巨大的熔岩川從它的烈焰山口流出，火山灰雨從天而降，為大地鋪上一層火毯，從火山延展到大海。地景瞬間點燃，吞沒森林與所有村莊，一副世界末日的毀滅景象。接下來一千兩百多年，鐵杉、絲柏、赤松、針葉樹和日本橡樹，在肥沃的火山灰土中長成一座茂密交織的森林。這座冒生出來的森林稱為「青木原」。今日，它形成一道幾乎無法穿越的綠牆。盤纏的根蔓與交錯的樹葉籠罩著高低起伏、鋪滿苔蘚的熔岩管穴。站在富士山腰，俯瞰這座森林，除了波浪滾滾的葉綠素大洋之外，你什麼也看不到，這景象讓青木原贏得另一個名稱：樹海（The Sea of Trees）。

很少有現代文化像日本那樣，牢牢浸潤在神話與迷信當中。它那歷久不衰的神話學與儀式習俗，傳承了無數世代，構成當代日本社會的基礎。青木原是一座跨越時代與信仰鴻溝的橋梁，一股結合古代神靈主義和現代日本文學的力量。然而，森林有它險惡的一面。如同一則古老神話所說的，青木原以前是備受質疑的「棄老」（ubasute，姥捨て）習俗的場址。「姥捨て」意味「放棄老婦」，指的是一種病態行為，將不想要的體弱家人或年長親戚帶到森林裡，把他們丟在那裡，任憑飢餓曝晒至死（圖37）。據說這是乾旱與饑荒等艱困時期的普遍做法，如同神話說的，這甚至得到封建官員的命令。神話也指出，那些被判處在青木原孤獨死去之人所體驗到的苦難，加上數百位出於自願漫遊到森林深處等待死亡者的苦楚，這些逐漸累積的死亡與悲苦，已滲入整個地景，並具有突破現實疆界的潛能。據說，結果就是，今日在那座森林裡漫遊之人，無論意圖為何，都將無法離開。

根據某些敘述，漫遊者並非那座森林的唯一住民。據說，受折磨者的鬼魂也住在那裡。日文的「鬼」是用「幽靈」（yūrei）一詞，幽靈和他們的西方同類一樣，據信是未能成功過渡到來世之人的靈魂。但跟西方文

化不同的是，日本神話學裡有很多種鬼。通常，幽靈被描繪成有一頭黑色蓬亂的長髮，穿著他們死去時的衣服。幽靈身為龜毛的鬼，他們偏愛在凌晨兩點到兩點半出沒，據說那是隔開陰陽兩界那道薄膜最脆弱的時刻。

數百年來，青木原森林一直是自殺的熱門地點，但要到 1960 年代松本清張的小說《波之塔》出版後，人氣才開始飆升。這本暢銷小說描寫一名女子以及她與一名年輕男子的不倫之戀。當年輕男子遭到女子丈夫勒索時，劇情出現羅密歐茱麗葉式的大轉彎，這對愛人逃到青木原，以自殺約定結束生命。

青木原森林也體現了一個更大的日本文化現象，這個國家是已開發世界裡自殺率最高的國家之一。在日本，平均每天有七十人自殺，而且至少這十年來，自殺數已超過一年三萬人。1997 年的股市崩盤，導致自殺率飆升了三成五。日本是一個自我犧牲心態根深柢固的國家，在日本，奪取生命並不像在西方那樣，得擔負猶太—基督教意義下的那種罪。日本的文化不是個體性的，而是集體性的，一個人的困窘或失敗會對整個社群造成深遠影響。在西方，失敗是通往成功之路必經的障礙，但日本不同，在這裡，失敗是不可修復的恥辱標記。在日本，有一種文化悠久且受到認可的光榮自殺觀念，稱為「切腹」（圖38）。這個儀式——要用刀把自己的肚子剖開或戳刺，無疑會導致緩慢而痛苦的死亡——傳統上是由武士實行，人們認為那是對失敗的合理回應，是面對失敗或被俘的最後手段。光榮自殺或自我犧牲的觀念，又因為二次大戰期間的神風特攻隊飛行員而被浪漫化，變成高貴與愛國的行為。這些自殺轟炸機的先驅們相信，為日本帝國犧牲自己的生命，是一個人可以實現的最偉大愛國行動。

青木原已經贏得世界第二（僅次於舊金山的金門大橋）受歡迎自殺地點的殊榮，現在甚至有了更病態的綽號：自殺森林。

廢棄車輛亂去在遊客停車場。森林四處，都在樹上釘了木頭告示牌，傳送類似這樣的訊息：「生命是父母給你的珍貴禮物！」以及「決定自殺前請與警方諮詢！」。多年來，根據估計，每年都有至少五百人有去無回地走進這座森林。由志工和公園巡邏員組成的隊伍，每年都會在森林做一次淨山，搜尋殘留的遺體。在某次這樣的搜查行動中，一位公園巡邏員發現一具風化的骸骨，幾乎是斜癱在一株巨大橡樹的基部。那些有如舊雪色調的骨頭，看起來很像古老的化石。褪色的灰色西裝緊貼著枯瘦形體，指著天空的黑色皮鞋，對穿在裡頭的細瘦骨頭而言，如今已顯得太大。骨骸四周，散落著各式物件，部分從落葉堆中露出：一支手機、黑框眼鏡、一只塑膠水壺，一本褪了顏色、鶴見濟所寫的《完全自殺手冊》，書頁還是攤開狀，因雨水而腫脹。在這裡，這些物件宛如某個久經遺忘的古老文明的遺物。由苔蘚與藤蔓構成的緩慢潮水，對這寂靜的陰森景象無動於衷，開始進行它們的消化與回收大業。

223   **自殺森林（青木原）**日本

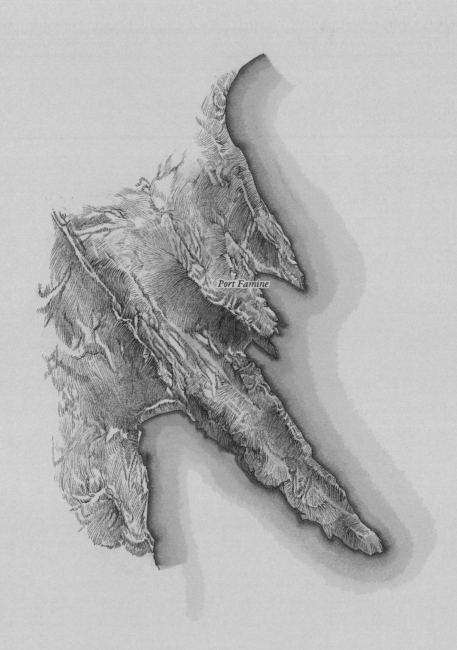

Port Famine

• 53°36'40"S • 70°55'40"W

饑荒港

巴塔哥尼亞，
智利

PORT
FAMINE

Patagonia, Chile

1584 年 2 月 11 日，四艘船隻抵達智利南部的麥哲倫海峽。暴烈的狂風從南方不到七百英里的南極冰層呼嘯而來，在他們企圖於岸邊下錨時猛擊船隻。船上三百三十七位不知所措的男女船員和小孩，好不容易終於下船上岸。經過好幾個月的危險航行之後，他們的最終目的地，竟然比他們所能想像的更荒涼，條件更惡劣。這些窮困的船員步履蹣跚走在狂風吹襲的冰凍海灘，身後拖著一只巨大的木頭十字架。船長薩米恩托（Captain Sarmiento）宣布，這塊土地隸屬於西班牙帝國。他們將在這裡建造一座偉大的城市。城市將會取名為「Ciudad del Rey Don Felipe」——「腓力國王城」。

當時，西班牙帝國陶醉在對掠奪財富以及對基督教的過度狂熱中，正擴展到遠超出歐洲的地方。透過在美洲進行的所謂「傳教」冒險所取得的大量銀礦，幫助他們籌集資金，不斷擴張帝國，而由原住民本身所提供的無盡奴工，也助了一臂之力。新大陸的原住民最初張開雙臂，慷慨歡迎最早前來的西班牙征服者，沒想到西班牙人卻以天花水痘、極端暴力和奴隸制度回報他們。艾倫・狄波頓在《哲學的慰藉》（The Consolations of Philosophy）中寫道：「印地安人被自己的熱情好客和軟弱武力所害。他們打開村莊與城市歡迎西班牙人，卻發現客人竟然在他們毫無準備的情況下突襲他們。他們的原始武器根本不是西班牙槍砲刀劍的對手，而這些征服者對受害者沒有一絲憐憫。他們殺了小孩，剖開孕婦肚皮，挖出雙眼，將整個家庭活活烤死，還在晚上縱火焚燒村莊。」

三年前的 1581 年 9 月 27 日，一支二十三艘船的艦隊載了兩千五百位水手、軍人、傳教士和殖民者，加上他們的妻兒，離開西班牙的加地斯（Cádiz）港口，航向智利南部。國王腓力二世下令，要他們在麥哲倫海峽沿岸建立一座新城市，這座城市將保護他們的領土不受敵對的殖民主義者侵害。然而，他們才離港沒多久，艦隊就經歷各式各樣的災難。兩艘船隻毀於一場狂烈的大西洋風暴，迫使整支艦隊回航西班牙。經過兩個月，

他們再次揚帆，但這次只剩下十六艘船隻和兩千兩百名人員。艦隊繼續飽受風暴折磨，等他們抵達麥哲倫海峽東邊入口時，只剩下四艘船隻——其餘的都放棄任務返回西班牙了。

　　雖然大多數人會把這些不祥的跡象視為更多失敗的前兆，並就此收工喊停，但薩米恩托船長依然保持鎮靜。儘管二十三艘船只剩下四艘，最初的兩千五百名人員只剩下三百三十七人，但他還是率領著散亂殘餘的艦隊，沿著麥哲倫海峽向西航行，進入荒涼且未經探勘的巴塔哥尼亞心臟地區。不過，薩米恩托並沒有打算堅持到底。幾個禮拜後，他登上一艘開回西班牙的船隻，放那些不知所措、要去打造腓力國王城的殖民者自生自滅（圖39）。

　　這些殖民者中，有兩位方濟派教士、五十八名男子、十三名女子、十名孩童和二十二位商人。剩下的都是軍人和水手。腓力國王城與氣候溫和、土壤肥沃的西班牙大相逕庭。在巴塔哥尼亞的嚴寒氣候下，種子和作物根本無法發芽。而殖民者除了天真的希望、殖民的氣焰和一只拯救他們的巨大十字架外，幾乎沒別的東西。

　　有將近三年的時間，除了不祥的沉默之外，腓力國王城沒傳來任何東西。甚至連薩米恩托都沒回到西班牙。一場暴風雨迫使他的船隻進入大西洋深處，他和船員在海上只能吃船上的貓咪和皮革馬具維生。他們最後到了巴西，薩米恩托在那裡賣了衣服換取食物。然而，這只是他不幸命運的一個小空檔。他試著再次返回西班牙，卻先後被英國海盜華特・雷利（Walter Raleigh）和法國人俘虜，後者把他當成犯人，在陰暗的蒙德馬頌（Mont-de-Marsan）城堡關了近三年。

　　1587 年 1 月 10 日，英國航海家湯瑪斯・卡文迪什（Thomas Cavendish）在穿越麥哲倫海峽時停靠腓力國王城，打算儲備物資。上岸之後，他看到一個可怕場景。當初的三百三十七位殖民者，只有十五名男

子和三名女子還活著。看起來更像鬼而不像人的他們，就快抓不住最後一口氣息。在城鎮的廣場上，一具腐爛的屍體懸掛在絞架上，那是該處曾經是座城市的象徵。卡文迪什在廢墟中找到散落各處、被凍僵或餓死的屍體，促使他將該城重新改名為「饑荒港」。怪異的是，那些骨瘦如豺的倖存者，竟然拒絕卡文迪什的拯救。只有一人例外──一個名叫托米・赫南德茲（Tomé Hernández）的水手。在靠近聖地牙哥的港口昆特羅（Quintero），赫南德茲走下船，去晉見智利總督，向他報告腓力國王城的悲慘命運。

在那沉默的三年裡，謠言傳遍智利各地，說腓力國王城的人民早就放棄他們的厄運城市，一路蹣跚地穿過「凱撒市」（City of the Caesars）。這個謎樣的城市，也稱為洛斯塞那雷斯市（Ciudad de los Césares，西班牙文的「凱撒城」之意）、「漫遊城」（Wandering City）和特拉帕萊達（Trapalanda），據說藏身在巴塔哥尼亞境內的安地斯山脈裡，介於智利和阿根廷中間的某處。謠傳，凱撒市只會在某些特定時刻現身。用黃金、白銀和鑽石打造的這座城市，從好幾百英里外就可看見它的閃耀光芒。不幸的是，據說那些發現它的人，離開時都會罹患麻煩的失憶症。

腓力國王城的可怕命運，即便是在真相廣為人知的許多年後，謠言還是持續不止。就像奧登（W.H. Auden）詩作〈考古學〉（Archaeology）所說的，「知識或許有其目的，／但揣測永遠／比知道更有趣。」

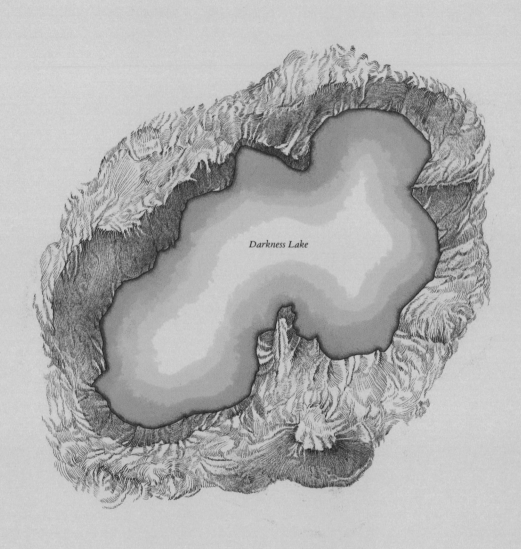

Darkness Lake

黑暗湖

安大略，
加拿大

DARKNESS LAKE

Ontario, Canada

一座埋藏在加拿人荒野深處的小湖為何取名為「黑暗」，歷史紀錄對此三緘其口。然而，當你考慮到，在該區被探索與繪製的那段時期，以及鄰近湖泊那些奇特的詩意名稱，例如貧窮湖（Poverty）與薄暮湖（Dusk），一個可能的故事就此浮現。這故事始於 1816 年夏天，也就是後來所謂的「黑暗之夏」（the summer of darkness）。

「我們每個人都要寫一個鬼故事，」拜倫勳爵（Lord Byron）如此宣布。這五位朋友在瑞士別墅的熾烈爐火前偎成一團。雖然當時是 6 月中旬，但這裡的天氣很容易就變成仲冬。閃電雷暴照亮天空，聖經規模的大雨嘩嘩落下。在連綿大雨罕見的暫歇時刻，這群人冒險外出，看到空氣中瀰漫著詭異紅霧，霧濃到讓陽光創造出一種薄暮無邊的效果。

1816 年 5 月，拜倫勳爵逃離英國，為了躲避懷孕妻子，以及他與同父異母妹妹祕戀所引發的流言蜚語，他決定在日內瓦湖畔的一棟別墅裡自我放逐，度過夏天。為了作伴，拜倫帶了朋友兼私人醫生約翰·波里道利（John Polidori）一同前往。他們的別墅對面住了十八歲的瑪麗·戈德溫（Mary Godwin）和她的愛人珀西·雪萊（Percy Shelley）、他們四個月大的兒子，以及瑪麗的繼妹克萊兒·克雷蒙（Claire Clairmont）。他們也是從倫敦到日內瓦湖度暑假。更正確的說法是，他們是在克萊兒·克雷蒙的堅持下成行的。她和拜倫在倫敦有過一段短暫熱情，她迷戀上拜倫，已經到了痴狂程度。她也偷偷懷了他的孩子。這五位年輕的英國波希米亞，經常一起待在拜倫的別墅裡——奇怪卻又莫名合拍的組合。

就夏日度假而言，那其實是個理想的地點，要不是那年的氣候實在

太詭異，太不符合應有的節氣。那個夏天無間斷的寒冷與黑暗，在人類的記憶中不曾有過。那群人不知道的是，這種現象甚至擴展到歐洲以外。在中國，冰凍的氣溫殺死了樹木、稻子和動物。北美部分地區降了白雪。在加拿大，湖泊與河川結冰。霜凍和大雨摧毀了冰島與英國的農作物。整個歐洲大陸都糧食歉收，面臨飢餓的人民，紛紛暴動與搶劫。整整花了兩年多時間才恢復正常，但在那之前，全球約有九萬人死亡，大多因為飢餓和疾病。

並不意外的是，有許多人相信，這種史無前例的氣候事件，是世界滅亡的徵兆。好巧不巧，一位來自波隆那的義大利天文學家曾經預言，7 月 18 日，太陽將會把自己燒掉，讓這座星球陷入永恆黑暗。這項可怕的預言消息，引發了騷亂、自殺，以及大規模的宗教復興。造成氣候異常的真正原因——當時的歐洲沒有半個人知道——是前一年的一次火山爆發，時間是 1815 年 4 月 10 日。位於今日印尼的坦博拉火山（Mount Tambora）爆發，是人類有史以來最具毀滅性的一起火山事件（圖40）——爆炸的威力將山脈的大多數地區瞬間夷平，產生的聲波，一千六百英里外都能聽到。約有一萬個島民被火燒碎屑流引發的潮汐波燒死。爆發將數十億噸的灰燼、氣體和碎屑噴入大氣層，然後在八百英里外墜落。火山爆發兩天後，方

圓三百五十英里的範圍內，陷入一片漆黑。由灰燼、浮石與硫礦構成的毒雲，緩慢飄散至全世界，它們花了一年的時間抵達歐洲，又花了好幾個月才抵達北美。

從實際的衍生結果來看，在日內瓦湖之外開展的這場災難，只是給這群人的瑞士暑假帶來一點不便罷了。平常閃亮亮的日內瓦湖，現在顯得陰暗邪惡，映照著黑暗轟隆的天空。「事實證明這是個令人不快的潮溼夏季，」瑪麗寫道：「下個不停的雨，經常把我們一連幾天關在屋裡。」這五位朋友圍著爐火取暖，啜飲法國美酒，暢聊政治詩歌，直到清晨。他們在報紙上讀到盤據歐洲的神祕天氣和世界末日的歇斯底里。「我們持續從德國收到最憂鬱的消息，談論這異常的天氣幾乎困擾著整個歐洲，」一份法國報紙寫道：「過多的雨水幾乎在所有地方都造成災難。」

碰巧的是，事實證明，這個災難性的夏天也大大刺激了創造力，這股創造力將對文學地景造成永久性的重塑。某天晚上，在讀了一本德國恐怖故事集《幻影幻術》（Fantasmagoriana）之後，拜倫提議每個人都寫一篇自己的鬼故事；算是某種文學友誼賽。幾天後，雪萊寫出了《鬼故事殘篇》（A Fragment of a Ghost Story）。瑪麗從一場惡夢得到靈感，她夢到「……一位褻瀆藝術的蒼白學生，跪在他拼組起來的東西旁邊」。她將這場夢改寫成故事的開端，這個故事將從結局開始，一個冰雪黑暗、充滿惡意的世界。這故事將成為最具影響力的現代文學作品之一：《科學怪人；或現代普羅米修斯》（Frankenstein; or The Modern Prometheus）。在這同時，波里道利寫了一篇他名為《吸血鬼》（The Vampyre）的故事。回到英國後，他也會出版，使它成為第一本現代吸血鬼中篇小說。拜倫則有他自己的預言夢，「這不全是一場夢」。他貢獻的是一首詩，取名〈黑暗〉（Darkness）。這首詩是對未來的不祥靈視，由末日先知們在歐洲各地四處傳講。拜倫詩作裡的黑暗，不僅是光明缺席，而是人類墮落

到黑暗深淵的荒涼故事，是人類靈魂在太陽缺席下的虛無狀態。在〈黑暗〉裡，人們因為渴望溫暖與光亮，不惜焚燒自己的房屋和整座城市，這是他們急速墜入黑暗的第一步。「人們圍繞在熾烈的房屋周圍／再次凝望彼此臉龐。」籠罩世界的黑暗瀰漫在人們內心，剝奪掉所有人性。經歷過「饑荒折磨」，人們在廝殺之前會先「填飽五臟六腑」。世界變成一塊「四季不分、寸草不生、無樹、無人、無生命」的岩石，懸在空間的黑暗中。「河流、湖泊與海洋悉數靜止，在它們的寂靜深處，無物擾動。」

1816 年的黑暗之夏，除了激發出文學傑作，也激發透納（Turner）畫出他那火紅天空的風景代表作，激發舒伯特寫出第四號交響曲《悲劇》（Tragic），以及貝多芬憂鬱的第二十八號鋼琴奏鳴曲。奇妙的是，據說第一輛腳踏車的靈感，也是由此而來。或許就是在「氣候失調」的那一年，有位探險家正好命名了好幾座湖泊。或許這就是其中一座，因為映照了那個夏天的黑暗天空，讓探險家看到無盡的黑暗，並因此有感而發。

• 63°0'0"N   • 23°49'0"E

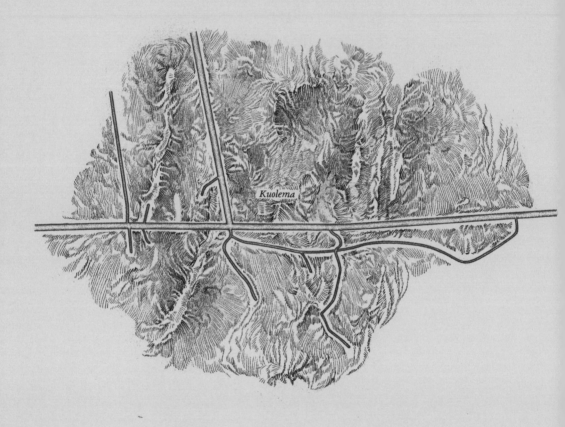

Kuolema

DEATH (KUOLEMA)

Finland

死亡村在芬蘭。靠近這個北歐國家的中心，在一片只有高大松樹和沼澤溼地，平坦無特色的地景上，疏疏落落點綴著十棟左右的堅固木屋，有些漆了深紅色，其他是北極白。小村沒有銀行、教堂、酒吧或圖書館。甚至也沒有墓園。一條筆直馬路將小村一分為二，你可以在不知不覺中穿駛而過。瑞典攝影師伊娃・佩爾森（Eva Persson）花了一年的時間記錄小村居民，並將該系列取名為《死亡人生》（Elämää Kuolemassa）。「只有在芬蘭，可以把村莊取名為死亡，」佩爾森寫道：「在芬蘭，你出生，然後長期受苦，然後死去。」佩爾森的評論乍看之下顯得冷酷或病態，但想要了解她的說法，你首先必須理解，芬蘭人把死亡和受苦視為一體，就像英國人覺得茶一定要配司康。或許是這個國家獨一無二的地理位置（在東歐的悲觀主義與北歐的愁悶沮喪之間力求平衡），促成這種專屬於芬蘭的憂鬱。不過，芬蘭式的憂鬱包含了一種與北極冬天一樣黑的幽默。「當所有希望都破滅了，」芬蘭導演阿基・郭利斯馬基（Aki Kaurismäki）在某次訪談中冷冷地說：「就沒有理由悲觀。」

佩爾森的照片系列圍繞著兩位同卵雙胞胎姊妹的生活，她們經營小村的唯一超市。兩姊妹在超市後方的連體屋裡與各自的丈夫一起生活，附帶一句，丈夫本身也是兄弟。這部作品是 2002 年出版，但很容易以為是 1982 年。在這個芬蘭村莊裡，鯡魚頭和大鬍子並沒有任何反諷意味，《勇士與美人》（The Bold and the Beautiful）這部影集，則是黃金時段電視上最新出現的奇觀。如果說死亡的功能是讓世界擺脫多餘的東西，那麼死亡似乎忽略了死亡村。

關於這個村莊何以取了這個名字，有好幾種說法。傳言之一是，1888年，有位汽車旅館老闆被路過的一名陌生人殺死；另一說法的可信度較高，認為名稱源自於芬蘭的一首童謠，歌詞裡有：Halla, nälkä, kuolema; niskat nurin ja taivaaseen——乾旱、饑荒、死亡；折斷脖子，上了天

堂。順道一提，這首黑暗但影響深遠的詩歌，也是附近好幾個地標名稱的源頭：饑荒丘（Famine Hill）、脖子荒原（Neck Heath）、天堂丘（Heaven's Hill）。

在古老的芬蘭文化裡，死亡由一套複雜而抒情的儀式與神話範式包圍著。芬蘭人是靈魂二元論者，深信一個人體內並非居住著一個實體，而是三個：*Henki*（精神、靈魂）、*Luonto*（自然）和*Itse*（自我）。

古代芬蘭人生活在一種永恆的恐懼裡，害怕死者放棄自己的墳墓回來糾纏他們，無論是以鬼魂的形式，或是更糟糕的，以野生動物的模樣。為了減緩這種恐懼，防止任何不愉快的相遇，他們會在人們死亡那一刻，執行一連串精心設計的儀式，讓死者的靈魂可以在冥府找到正確的位置。首先，人們認為，一個人如果在沒有活人見證的情況下死去，是不幸的。屍體應該立刻洗淨，除了自殺者之外，自殺者的屍體不能清洗，要穿著去世時的衣物肚子朝下埋葬。雖然不具強制性，但人們認為最好能讓死者在日落前入土。木棺釘死之後，由送喪隊伍以手抬方式將棺木送往墓園，經過死者住家時要停下來，讓死者可以「看」最後一眼。抵達墓園前的森林，送喪隊伍要再次停下，在松樹或花楸樹的樹幹上刻下名為「*karsikko*」的記號。和其他死亡儀式一樣，這個作用也有形上學的意義。它在生者的世界與死者的土地之間，構成某種看不見的疆界。因為人們相信，死者常常會忘記他們死了，偶爾會試圖要回家，*karsikko*的功能，就是禮貌地提醒死者，回到他們現在所屬的土地。

在古代的芬蘭社會裡，死亡是一段旅程的結束，但也是另一段旅程的開始。它代表要展開一段漫長而孤獨的旅程，跨越一塊未知的地景，在那裡，回家，回到陽界的誘惑，始終非常強大。在人死之後一整年的時間裡，都禁止大聲說出死者的名字，彷彿這樣會喚起他們的思鄉病。在這一年裡，寡婦不能再嫁，也不能在家享樂。在死者的週年忌日時，村莊會舉

行慶祝宴，因為人們相信，經過一年的時間，死者已經成功在冥府，一個稱為圖奧內拉（Tuonela）的地方，找到自己的位置（圖41）。據說圖奧內拉位於黑河遙遠的另一邊，是個荒涼喪氣的地方，死者在那裡進入永恆的沉睡。但即便到了那裡，死者也不是完全無法和陽界接觸。透過薩滿巫師，就可跨越死者的疆界。薩滿巫師藉由一連串的舞蹈和儀式，進入起乩狀態之後，他必須用伎倆哄騙船夫載他渡河，前往圖奧內拉。抵達之後，他就能和死者溝通，傳遞訊息，或請求建議和指引。據說，如果薩滿巫師在儀式過程中喪命，就表示他被冥府的警衛逮到了。

現代社會的構成是要隱藏死亡，將它從生命中抽離。反諷的是，死亡村也是這種情況。在佩爾森的攝影裡，死亡的象徵幾乎陳腔濫調，一個男人拿著一把來福槍，雪地裡的死狐狸屍體。調解生死過渡、此生來世的古老信仰和儀式，盡皆消失。如今，死亡以另一種形式存在：人們與自身過往的隔絕；古老文化的死亡。然而，這種隔絕並非絕對。在芬蘭語裡，死亡和憂鬱有它們自己的文法和字彙，並暗暗指向芬蘭古老的習俗、儀式、神話和信仰。你可以在故事、歌曲、詩歌和寓言中發現它們；在村莊的名字、郭利斯馬基的電影，甚至芬蘭的探戈中看到。

它們加總起來，形成一條細線，一條超越時間和文化的細線，將生者的世界與死者的土地纖纖地綁在一起。

悲傷地名錄

澳洲和紐西蘭

悲劇池 西澳
TRAGEDY POOL
Western Australia

無處可去路 塔斯馬尼亞，澳洲
ROAD TO NOWHERE
Tasmania, Australia

憂鬱潭 昆士蘭，澳洲
MELANCHOLY WATERHOLE
Queensland, Australia

絕望山 南澳
MOUNT HOPELESS
South Australia

惡魔撒尿地 南澳
MAMUNGKUKUMPURANGKUNTJUNYA
(WHERE THE DEVIL URINATES)
South Australia

失望島 奧克蘭群島，紐西蘭
DISAPPOINTMENT ISLAND
Auckland Islands, New Zealand

失望山 維多利亞，澳洲
MOUNT DISAPPOINTMENT
Victoria, Australia

謀殺海灘路 奧塔哥，紐西蘭
MURDERING BEACH ROAD
Otago, New Zealand

失望海灣 南地，紐西蘭
DISAPPOINTMENT COVE
Southland, New Zealand

別無他處 塔斯馬尼亞，澳洲
NOWHERE ELSE
Tasmania, Australia

無用環路 西澳
USELESS LOOP
Western Australia

自殺灣 塔斯馬尼亞，澳洲
SUICIDE BAY
Tasmania, Australia

冷酷角 塔斯馬尼亞，澳洲
CAPE GRIM
Tasmania, Australia

死路 新南威爾斯，澳洲
DEATH ROAD
New South Wales, Australia

可疑島 南地，紐西蘭
DOUBTFUL ISLAND
Southland, New Zealand

無用群島 南地，紐西蘭
USELESS ISLANDS
Southland, New Zealand

加拿大

陰鬱湖 安大略，加拿大
GLOOMY LAKE
Ontario, Canada

小希望島 新斯科細亞，加拿大
LITTLE HOPE ISLAND
Nova Scotia, Canada

死湖 安大略，加拿大
DEATH LAKE
Ontario, Canada

憂傷群島 英屬哥倫比亞，加拿大
SORROW ISLANDS
British Columbia, Canada

死犬島 安大略，加拿大
DEAD DOG ISLAND
Ontario, Canada

不幸海灣 紐芬蘭，加拿大
UNFORTUNATE COVE
Newfoundland, Canada

痛苦湖 安大略，加拿大
PAIN LAKE
Ontario, Canada

折磨湖 新斯科細亞，加拿大
LAKE TORMENT
Nova Scotia, Canada

逐退灣 努納武特，加拿大
REPULSE BAY
Nunavut, Canada

錯誤島 英屬哥倫比亞，加拿大
MISTAKE ISLAND
British Columbia, Canada

毀滅島 英屬哥倫比亞，加拿大
DEVASTATION ISLAND
British Columbia, Canada

孤獨島 安大略，加拿大
LONELY ISLAND
Ontario, Canada

無處可去路 努納武特，加拿大
ROAD TO NOWHERE
Nunavut, Canada

暴躁巷 新斯科細亞，加拿大
GRUMPY LANE
Nova Scotia, Canada

謀殺島 新斯科細亞，加拿大
MURDER ISLAND
Nova Scotia, Canada

殺手湖 安大略，加拿大
KILLER LAKE
Ontario, Canada

屠殺島 安大略，加拿大
MASSACRE ISLAND
Ontario, Canada

無處島 安大略，加拿大
NOWHERE ISLAND
Ontario, Canada

孤寂島 安大略，加拿大
SOLITUDE ISLAND
Ontario, Canada

伶仃湖 安大略，加拿大
FORLORN LAKE
Ontario, Canada

枉然湖 安大略，加拿大
FUTILE LAKE
Ontario, Canada

無意義山 英屬哥倫比亞，加拿大
POINTLESS MOUNTAIN
British Columbia, Canada

英國和愛爾蘭

失敗鎮 英國
FAIL
UK

可憐我村 杜倫，英國
PITY ME
Durham, UK

世界盡頭 恩菲爾德，英國
WORLD'S END
Enfield, UK

憂鬱巷 維勒姆，英國
MELANCHOLY LANE
Wareham, UK

孤獨路 布拉德福，英國
ALL ALONE
Bradford, UK

殺鎮 愛爾蘭
KILL
Ireland

徒勞路　斯坦特德，英國
LABOUR IN VAIN ROAD
Stansted, UK

美國

小希望社區　威斯康辛州，美國
LITTLE HOPE
Wisconsin, USA

沮喪路　紐約州，美國
DEPRESSION POND
New York, USA

墓湖　懷俄明州，美國
GRAVE LAKE
Wyoming, USA

碎夢小路　亞歷桑納州，美國
BROKEN DREAMS DRIVE
Arizona, USA

苦難路　緬因州，美國
ROAD TO MISERY
Maine, USA

意外鎮　馬里蘭州，美國
ACCIDENT
Maryland, USA

亡婦塘　德州，美國
DEAD WOMAN POND
Texas, USA

空虛小路　德州，美國
EMPTINESS DRIVE
Texas, USA

無愛湖　威斯康辛州，美國
LOVELESS LAKE
Wisconsin, USA

鬧鬼湖　新罕布夏州，美國
HAUNTED LAKE
New Hampshire, USA

放棄路　紐約州，美國
ABANDONED
New York, USA

失敗峽谷　猶他州，美國
FAILURE CANYON
Utah, USA

哭泣小孩島　佛羅里達州，美國
CRYING CHILD ISLAND
Florida, USA

可疑水庫　奧勒岡州，美國
DUBIOUS RESERVOIR
Oregon, USA

悲傷湖　奧勒岡州，美國
SAD LAKE
Oregon, USA

泣女岩　華盛頓州，美國
CRYING LADY ROCK
Washington, USA

死影路　紐澤西州，美國
SHADES OF DEATH ROAD
New Jersey, USA

錯誤島　明尼蘇達州，美國
MISTAKE ISLAND
Minnesota, USA

無返湖　阿肯色州，美國
LAKE OF NO RETURN
Arkansas, USA

絕望湖　阿拉斯加，美國
DESPERATION LAKE
Alaska, USA

挫敗溪　田納西州，美國
DEFEATED
Tennessee, USA

哀戚島　阿拉斯加，美國
GRIEF ISLAND
Alaska, USA

失落男孩巷　佛羅里達州，美國
LOST BOYS LANE
Florida, USA

悲慘湖　伊利諾州，美國
MISERABLE LAKE
Illinois, USA

孤寂市　紐約州，美國
LONELYVILLE
New York, USA

災難湖　明尼蘇達州，美國
CALAMITY LAKE
Minnesota, USA

自殺橋　馬里蘭州，美國
SUICIDE BRIDGE
Maryland, USA

自殺湖　懷俄明州，美國
SUICIDE LAKE
Wyoming, USA

亡婦渡口　奧克拉荷馬州，美國
DEAD WOMAN'S CROSSING
Oklahoma, USA

血腥迪克峰　蒙大拿州，美國
BLOODY DICK PEAK
Montana, USA

血腥泉　密西西比州，美國
BLOODY SPRINGS
Mississippi, USA

惡犬路　蒙大拿州，美國
GRUMPY DOG ROAD
Montana, USA

無望隘口　加州，美國
HOPELESS PASS
California, USA

無望路　內華達州，美國
HOPELESS WAY
Nevada, USA

絕望山　蒙大拿州，美國
MOUNT DESPAIR
Montana, USA

恐怖湖　阿拉斯加，美國
TERROR LAKE
Alaska, USA

失策池　緬因州，美國
BLUNDER POND
Maine, USA

飢餓高地　奧勒岡州，美國
STARVATION HEIGHTS
Oregon, USA

亡婦溪　奧克拉荷馬州，美國
DEAD WOMAN CREEK
Oklahoma, USA

齷齪塘　奧勒岡州，美國
NASTY POND
Oregon, USA

無名社區　田納西州，美國
NAMELESS
Tennessee, USA

恐怖山　蒙大拿州，美國
MOUNT TERROR
Montana, USA

失望岬　華盛頓州，美國
CAPE DISAPPOINTMENT
Washington, USA

屠狗瀑布　肯塔基州，美國
DOG SLAUGHTER FALLS
Kentucky, USA

寂寞路／孤獨街　北卡羅萊納州，
美國
LONESOME ROAD / LONELY STREET
North Carolina, USA

終結點　華盛頓州，美國
TERMINATION POINT
Washington, USA

絕望巷　北卡羅萊納州，美國
DESPERATE LANE
North Carolina, USA

世界盡頭　加州，美國
END OF THE WORLD
California, USA

肯定是地獄路　肯塔基州，美國
HELL FOR CERTAIN ROAD
Kentucky, USA

飄忽鎮　德州，美國
UNCERTAIN
Texas, USA

有什麼好開心的市　愛荷華州，
美國
WHAT CHEER
Iowa, USA

心碎巷　德州，美國
BROKEN HEART LANE
Texas, USA

絕望小路／孤寂路　加州，美國
DESPERATION DRIVE / SOLITUDE WAY
California, USA

煉獄池　新罕布夏州，美國
PURGATORY POND
New Hampshire, USA

寂寞湖　新罕布夏州，美國
LONESOME LAKE
New Hampshire, USA

無鎮　亞歷桑納州，美國
NOTHING
Arizona, USA

無意義角　華盛頓州，美國
POINT NO POINT
Washington, USA

悲傷路　肯塔基州，美國
SAD ROAD
Kentucky, USA

貧窮島　密西根州，美國
POVERTY ISLAND
Michigan, USA

悲慘灣　密西根州，美國
MISERY BAY
Michigan, USA

絕望島　羅德島州，美國
DESPAIR ISLAND
Rhode Island, USA

瘋女溪　懷俄明州，美國
CRAZY WOMAN CREEK
Wyoming, USA

心痛路　蒙大拿州，美國
HEARTACHE ROAD
Montana, USA

屠殺海灘　德拉瓦州，美國
SLAUGHTER BEACH
Delaware, USA

死命鎮　內華達州，美國
DOOM TOWN
Nevada, USA

血桶街　亞歷桑納州，美國
BUCKET OF BLOOD STREET
Arizona, USA

失望湖　愛達荷州，美國
DISAPPOINTMENT LAKE
Idaho, USA

主啊為何是我巷　南卡羅萊納州，
美國
WHY ME LORD LANE
South Carolina, USA

夢魘湖　蒙大拿州，美國
NIGHTMARE LAKE
Montana, USA

悲慘島　伊利諾州，美國
MISERABLE ISLAND
Illinois, USA

可怖山　佛蒙特州，美國
TERRIBLE MOUNTAIN
Vermont, USA

破碎島　華盛頓州，美國
BROKEN ISLAND
Washington, USA

惡意間歇泉　懷俄明州，美國
SPITEFUL GEYSER
Wyoming, USA

可恨山　佛蒙特州，美國
HATEFUL HILL
Vermont, USA

無用路　加州，美國
WORTHLESS ROAD
California, USA

失望刃脊　華盛頓州，美國
DISAPPOINTMENT CLEAVER
Washington, USA

失望鎮　華盛頓州，美國
DISAPPOINTMENT
Washington, USA

失望山　明尼蘇達州，美國
DISAPPOINTMENT MOUNTAIN
Minnesota, USA

失望路　肯塔基州，美國
DISAPPOINTMENT ROAD
Kentucky, USA

自殺營路　密西根州，美國
CAMP SUICIDE ROAD
Michigan, USA

幻滅灣　阿拉斯加，美國
DISENCHANTMENT BAY
Alaska, USA

鬱悶湖　加州，美國
DEPRESSED LAKE
California, USA

其他地區

欺騙島　南極洲
DECEPTION ISLAND
Antarctica

受苦街　突尼西亞
SUFFERING STREET
Tunisia

受苦巷　百慕達
SUFFERING LANE
Bermuda

祖母洞海灘　印度
GRANDMOTHER'S HOLE BEACH
India

棺材島　波多黎各
ISLA CAJA DE MUERTOS
(COFFIN ISLAND)
Puerto Rico

悲傷鎮　克羅埃西亞
TUŽNO (SAD)
Croatia

亡婦村　義大利
FEMMINAMORTA (DEAD WOMAN)
Italy

苦難公社　法國
MISERY
France

惡魔港　薩爾瓦多
PUERTA DEL DIABLO
(PORT OF THE DEVIL)
El Salvador

無用灣　智利
BAHÍA INÚTIL (USELESS BAY)
Chile

煉獄鎮　葡萄牙
PURGATÓRIO (PURGATORY)
Portugal

悲痛教區　葡萄牙
ANGÚSTIAS (ANGUISH)
Portugal

不幸岬　模里西斯
CAP MALHEUREUX
(UNFORTUNATE CAPE)
Mauritius

超死村　西班牙
ULTRAMORT (ULTRA DEATH)
Spain

愁苦廣場　巴西
LARGO DOS AFLITOS
(SQUARE OF THE AFFLICTED)
Brazil

屎湖　芬蘭
PASKALAMPI (SHIT LAKE)
Finland

死亡村　芬蘭
KUOLEMA (DEATH)
Finland

孤單村　義大利
ALONE
Italy

失敗鎮　法國
BOUZILLÉ (FAILURE)
France

嘔吐鎮　德國
KOTZEN (VOMITING)
Germany

死鎮　法國
DIE
France

離婚海灘　墨西哥
DIVORCE BEACH
Mexico

地獄村　荷蘭
HELL
Netherlands

可憐鎮　海地
PITY
Haiti

悲傷街　突尼西亞
SADNESS STREET
Tunisia

無望大道　突尼西亞
HOPELESS BOULEVARD
Tunisia

饑荒港　智利
PUERTO DEL HAMBRE
(PORT FAMINE)
Chile

寂寞村　瑞典
ENSAMHETEN (LONELINESS)
Sweden

眼淚路　巴西
ESTRADA DAS LÁGRIMAS
(ROAD OF TEARS)
Brazil

黑暗森林　德國
FINSTERWALDE (DARK WOODS)
Germany

受苦路　德國
LEIDENSWEG (SUFFERING WAY)
Germany

受苦丘　德國
LEIDENSBERG (SUFFERING HILL)
Germany

陰鬱街　德國
DÜSTERSTRASSE
(GLOOMY STREET)
Germany

恐懼路　德國
ANGSTWEG (FEAR WAY)
Germany

憂傷路　德國
SORGENWEG (SORROW WAY)
Germany

陰鬱湖　德國
DÜSTER SEE (GLOOMY LAKE)
Germany

悲慘村　德國
ELEND (MISERY)
Germany

憂傷村　德國
SORGE (SORROW)
Germany

苦惱島　馬紹爾群島
AGONY ISLAND
Marshall Islands

醜鎮　印度
UGLY
India

致謝

我想將感謝擴及這本書的所有協助者。感謝 Kate，花了無數時間協助手繪地圖。多謝 Simon Johnson 的超棒研究與編輯意見。很感謝 Randy Rosenthal 銳利的編輯眼光。另外，我要向 Justin Falk、Maria Martens、Jay Blair 和 Tashina Blom 致謝，感謝他們花費時間提供寶貴的回饋。我要向我的經紀人深致謝忱，紐約 ICM Partners 的 Heather Karpas，以及倫敦 Curtis Brown 公司的 Rebecca Ritchie。謝謝 Simon & Schuster 出版社的 Nicola Crossley 和 Iain MacGregor。謝謝閱讀本書書稿的所有人士，感謝他們提供的建議，無論我是否接受。最後要感謝 Lieke de Jong，謝謝她在書寫過程中從頭到尾的大力支持。

國家圖書館出版品預行編目資料

悲傷地形考：憂傷時到這些地方去旅行，空間製圖Ｘ憂鬱地圖Ｘ
無名記憶，獻給旅人的24則地理傳奇／達米恩‧魯德（Damien
Rudd）著；凱特琳娜‧狄迪克（Kateryna Didyk）繪；吳莉君譯--
初版.--臺北市：臉譜，城邦文化出版：家庭傳媒城邦分公司發行，
2021.05
　　面；　　公分. --（臉譜書房；FS0129）

譯自：Sad Topographies: A Disenchanted Traveller's Guide
ISBN 978-986-235-940-2（平裝）

1. 世界地理　2. 地名學

716　　　　　　　　　　　　　　　　　　110006615

臉譜書房　FS0129

悲傷地形考

憂傷時到這些地方去旅行，空間製圖×憂鬱地圖×無名記憶，
獻給旅人的24則地理傳奇

作　　　者　達米恩‧魯德（Damien Rudd）
繪　　　者　凱特琳娜‧狄迪克（Kateryna Didyk）
譯　　　者　吳莉君
副總編輯　劉麗真
主　　編　陳逸瑛、顧立平
封面設計　廖韡

發 行 人　涂玉雲
出　　版　臉譜出版
　　　　　城邦文化事業股份有限公司
　　　　　台北市中山區民生東路二段141號5樓
　　　　　電話：886-2-25007696　傳真：886-2-25001952
發　　行　英屬蓋曼群島商家庭傳媒股份有限公司城邦分公司
　　　　　台北市中山區民生東路二段141號11樓
　　　　　客服服務專線：886-2-25007718；25007719
　　　　　24小時傳真專線：886-2-25001990；25001991
　　　　　服務時間：週一至週五上午09:30-12:00；下午13:30-17:00
　　　　　劃撥帳號：19863813　戶名：書虫股份有限公司
　　　　　讀者服務信箱：service@readingclub.com.tw
香港發行所　城邦（香港）出版集團有限公司
　　　　　香港灣仔駱克道193號東超商業中心1樓
　　　　　電話：852-25086231　傳真：852-25789337
馬新發行所　城邦（馬新）出版集團 Cité (M) Sdn Bhd
　　　　　41-3, Jalan Radin Anum, Bandar Baru Sri Petaling, 57000 Kuala Lumpur, Malaysia
　　　　　電話：603-90563833　傳真：603-90576622
　　　　　E-mail: services@cite.my

城邦讀書花園
www.cite.com.tw

初 版 一 刷　2021年5月27日
ISBN 978-986-235-940-2
定價：480元

版權所有‧翻印必究（Printed in Taiwan）
（本書如有缺頁、破損、倒裝，請寄回更換）